改訂版
多文化共生のコミュニケーション
日本語教育の現場から

徳井厚子＝著

JN087370

アルク

◆改訂について

　本書は 2002 年発行の『多文化共生のコミュニケーション - 日本語教育の現場から -』（アルク）に加筆・修正をした改訂版です。改訂にあたって内容を大幅に見直し、より新しい理論や事例、実践を取り入れ、第 11 章を加えました。

はじめに ·····

　現在、世界は移動する人々が増えると同時に、「多文化共生」の難しさや限界を示すような出来事が増加しています。一方で、今後日本でも外国籍住民が増加していくことが予想されるとともに、「日本語教育の推進に関する法律」が成立するなど、日本語教育も重要性を増しつつあります。このような中、「多文化共生」という観点から日本語教育をとらえ直していくことも重要になってくるのではないかと考えます。

　総務省（2006）は、「多文化共生」を「国籍や民族などの異なる人々が、互いの文化的差異を認め合い、対等な関係を築こうとしながら、地域社会の構成員として共に生きていくこと」としています。本書では、この考え方にもとづいた上で、「多文化共生」について「異なる人々が、互いの文化的差異を認め合い、対等な関係を築こうとしながら共に生きていくこと」ととらえたいと思います。筆者は、総務省の「多文化共生」の定義の中で、「対等な関係を築こうとしながら」という表現は「対等な関係を築くプロセス」そのものを重視しているいう意味で重要な意味を持っていると個人的には考えています。「完全に対等な関係を築くことはできるかわからないが、築いていこうとする過程が重要」という視点です。そういう意味で、筆者は「多文化共生」は、静的なものではなく「他者と対等な関係を築こうとする動的なプロセス」という意味を含んでいるととらえたいと思っています。現在、社会は複雑になりつつありますが、今、多文化共生の原点を考えることが求められているのではないでしょうか。

　「日本語教育」の現場は多様なバックグラウンドを持った人たちを対象としている分野であり、その現場は異文化コミュニケーションの宝庫とも言えます。日本語教育を「他者と対等な関係を築こうとする動的なプロセス」という観点からとらえ直していくことは大切ではないかと思います。

　本書は、このような視点に立ち（正確には「立とうとして」）、書いたものです。本書が、日本語教育の現場を振り返りながら「異なる人々同士が互いの文化差を認め合い、対等な関係を築こうとする動的なプロセス」を一緒に体験していただく機会となれば幸いです。

本書で扱う事例は、一個人の体験がベースになっているため、事例には限界があるでしょう。ほかにもさまざまな異なった体験を積んでいらっしゃる方も多いでしょうし、例外もたくさんあるかもしれません。そうした点を考慮した上で読んでいただければ幸いです。

2020 年 2 月

徳井 厚子

目　次

【本書の特徴】

　本書の特徴としてはまず、理論、実践、事例のすべてを扱っていることが挙げられます。

　また、これまで主として米国で発展してきた異文化コミュニケーションの、理論だけを紹介するのではなく、日本語教育の現場という立場からの実践例や具体的事例を織り交ぜながら、これらの理論をとらえ直しています。したがって本書は、異文化コミュニケーションの理論書という性格より、現場発信型、実践重視型という特徴を持っています。

　本書は主に以下の人たちを対象にしています。
- 日本語教育・外国語教育に携わっている人、あるいはこれから携わろうと思っている人
- 日本事情教育に携わっている人、あるいはこれから携わろうと思っている人
- 留学生アドバイザー、あるいはこれからその仕事に携わろうと思っている人
- 異文化コミュニケーションやコミュニケーション論などの科目を担当している人、あるいはその予定のある人
- 異文化コミュニケーションを学んでいる人、あるいは興味を持っている人
- 地域で日本語教育や異文化交流に携わっている人
- 地域における日本語教育コーディネーター、あるいはこれから携わろうと思っている人
- 帰国生・外国人児童生徒への教育に携わっている人
- 小・中学校で国際理解教育を担当している人
- 小・中学校で外国籍児童の日本語指導に携わっている人
- 日本語教師の養成や研修に携わっている人
- 国際交流事業などを担当している人
- コミュニケーション教育に携わっている人、あるいは興味を持っている人

【本書の構成と使い方】

　本書全体の流れは、「異文化とは何か」という問題から出発し、「異文化接触における自己への気づき」→「他者との出会い」→「他者との対立」→「共生」という展開になっています。そしてそれぞれの章では、文化の問題、自己開示、アイデンティティ、異文化接触、ステレオタイプ・偏見、交流、言語、非言語コミュニケーション、コミュニケーションギャップ、価値観の対立、地域社会、共生をテーマにしています。特に、コミュニケーションに比重をおいています。

　各章の構成と使い方は次の通りです。

プロローグ：
　その章への入り口として、具体的な体験談を紹介しています。

キーワード：
　その章のキーワードを挙げています。

本文：
　理論と事例の双方を取り入れながら解説しています。なお、専門用語の解説や理論は本文では扱わず、コラムにまとめて本文の後で別に扱っています。また具体的事例については、「声」や「事例」の欄で扱っています。

column……コラム
　本文を読んでさらに興味を持った方のために、その章の専門用語の解説や理論をまとめています。複数の理論を紹介することによって、読者自身が客観的に理論についての知識を得ることができるようにしています。本文に入れずコラムとしたのは、あくまで客観的に読者に考えてもらうという目的があるためです。

✏ voice……声

　主に学習者の声を取り上げています。これは、筆者が担当している授業での学生の反応などから、本文とかかわりの深いものを挙げています。現場の具体事例に興味を持つ人にお勧めします。

🔍 case……事例

　失敗例も含め、現場での具体的なケースをいくつか紹介しています。

🖊 Let's practice……実践してみよう

　現場での実践のための活動例を紹介しています。また、このいくつかについては、実際に筆者が授業で行ったときの学生の回答例などを挙げています。

参考文献：

　巻末に、各章ごとの参考文献を和文（五十音順）、英文（アルファベット順）別にまとめています。

索引：

　巻末に、キーワードや用語などを五十音順にまとめています。

※本書は、筆者の体験がもとになっており、あらゆるケースを網羅したものではないため、事例には自ずと限界があることをお断りしておきます。

序 章

異文化とは

● **プロローグ**

　よくわかり合っているつもりの友達でも、「こんなに違う考えを持っている！」とびっくりしたことはないでしょうか。例えば、チームの代表を決めるとき、ある人は「みんなの意見をよく聞く人がいい」と言えば、ある人は「強いリーダーシップを持っている人がいい」と言ったり、お互いにわかり合っているつもりでも、実はわかり合っていない場合も多いのです。このような体験は、外国に行ったときばかりではなく、身近な生活の中にもありますね。人との出会いは自分との出会い。異文化との出会いでもあるのです。

　ここでは異文化というキーワードを手がかりにコミュニケーションについて考えてみましょう。

● **キーワード**

　文化　異文化コミュニケーション

1 文化とは何か

　私たちはふだん「文化」という言葉を何気なく使っています。でも、あらためて「『文化』ってどのような意味？」と言われると、戸惑う人も多いのではないでしょうか。文化は、これまで実にいろいろな定義がなされてきました（p.16「コラム1」参照）。皆さんにとって文化とは何でしょうか。建築物？　絵画？　文学？　芸能？　それだけでしょうか。

　人とのかかわり方、価値観、時間に対する考え方、コミュニケーションの仕方、仕事の仕方……。これらは目に見えず、私たちの生活の中ではあまりにも身近で日常的になっていてまるで空気のようなものと言えるでしょう。しかし、例えば新しく人と付き合ったり、今までと別の場所で生活をしたりすると、私たちはこうしたふだん無意識に感じていることに意識的にならざるを得なくなります。それはまるで、いつもは意識していない空気中の水蒸気が、冷たい空気に触れ、雪や雨になって私たちの前に姿を現すように。そのときになって初めて「こんなに相手と自分は違っている！」という違いに気づくのです。このような、空気のような部分も、実は文化なのです。本書では特に、こうした他者との出会いによってその存在感が雪や雨のように顕著に現れてくる個人としての主観的な側面（価値観や考え方、ものの見方など）や、他者とのかかわり方を「文化」として扱います。そして、それは常に変わっていく可能性を持つものとしてとらえていきたいと思います。

2 異文化コミュニケーションは1対1の出会いが基本！

　異文化コミュニケーションとは「異なった国の人とのコミュニケーション」というイメージでとらえている人が多いのではないでしょうか。確かに、異なった国の人とコミュニケーションするときには、同じ国の人とコミュニケーションするときよりも誤解が起きやすいし、理解しにくい面が多いですね。でも、よく考えてみましょう。同じ国でも、地域差、男性と女性、世代差などによって異なる部分もあります。また、そのような集団だけではなく、

新しく一人の人と出会ったとき、相手と異なる部分に気づいて、はっとしたりします。つまり、異文化コミュニケーションとは、結局のところ、一人の人間としての1対1の出会いが基本なのです。私たちは、生きていく中で人と出会い、自分というものを知ります。また、自分一人ではなく、人とのかかわりの中で生きています。そして、人とのかかわりの中で摩擦もあれば理解もあります。特に相手と共有する部分が少ないと摩擦は多くなるでしょう。そういう意味でさまざまなバックグラウンドを持つ学習者のいる日本語教育の現場は、摩擦も多いのですが、それだけに「異なる他者とのコミュニケーション」の持つ難しさと楽しさが豊富に潜んでいるのです。日本語教育はまさに異文化コミュニケーションの宝庫とも言えるでしょう。

　本書では、異文化コミュニケーションは「1対1の人との出会いが基本である」という前提に立ち、「自己への気づき」「他者との出会い」「他者との対立から共生へ」という流れで進めていきます。そして、「望ましい異文化コミュニケーションは、自分と相手の共生共栄と相互尊重のために行う情報交換、情報共有、共通の意味形成的行為である」（八代他1998）ととらえたいと思います。また異文化コミュニケーションの現場である留学生教育や多文化クラスの現場の実践や事例も入れながら、これらのことについて皆さんと一緒に考えていきたいと思います。異文化コミュニケーションの現場から発信されるさまざまな学生たちの声にも、耳を傾けてみてください。

　他者に出会うということはまず自分に出会う、ということから始まります。では、まずここから出発してみることにしましょう。

🗐 column……コラム

▶ 文化のとらえ方

コラム 1 文化の2つの見方 ―文化人類学的見方と心理学的見方

文化をどうとらえるかについては、システムとしてとらえる方法や個人とのかかわりの中でとらえる方法など、さまざまな立場や見方があります。渡辺（1995）は「文化については異文化接触の問題をマクロなレベルで見ようとするのか、ミクロなレベルで見ようとするのか、あるいは双方のダイナミックなレベルで見ようとするのかなどによって必要とされる文化のとらえ方も違ってくる」と述べています。ここでは、文化人類学的なとらえ方と心理学的なとらえ方でそれぞれ文化がどうとらえられているのかを見てみたいと思います。

【文化人類学的な見方】マクロなとらえ方 ―「システム」としての文化

吉田（1987）は、文化人類学的な文化のとらえ方として、次の4つに分けています。

① 特定の社会の人々によって取得され、共有され、伝達される行動様式ないし生活様式のシステムとする見方

② 人間が環境に適応するのに必要な技術、経済、生産に結び付いた社会組織の諸要素が文化の中心と見る見方

③ 共有される観念の体系、概念や規則や意味の体系とする立場

④ 象徴形態に表現され、歴史的に伝えられる意味のパターンとする見方

このように文化人類学的見方では、大きく文化を生活様式の体系、自然環境に対する適応の体系、観念体系、象徴体系としてとらえているとしています。また、キージング（Keesing）は文化を大きくまず2つに分けています。第一のグループは生態学的状況へ適応するシステムとして見る見方であり、第二のグループは概念的理論として説明する見方で、さらに①認識システムとして文化をとらえる立場、②構造的システムとして文化をとらえる立場、③象徴システムとして文化をとらえる立場に分けています。

渡辺（1995）は文化人類学的見方の特徴として、「私たちが共有するシステム」として文化をとらえているとしています。

【心理学的な見方】個人のレベルでの文化

　心理学的な文化のとらえ方はよりミクロで、個人のレベルでとらえようとしています。

　スキナー（Skinner）は、文化とは「行動を引き起こし、維持する社会的強化の随伴性である」と述べています（渡辺 1995）。認知主義的なレベルから文化をとらえようとする見方もあります。トリアンディス（Triandis）らがこの立場ですが、彼は文化を物質文化と主観文化に分けてとらえています。また、発達論的文化論という観点から、渡辺（1995）は文化を「精神発達過程の特定の時期で、環境との相互作用により、可塑的に形成され、その後の行動、知覚、認知、動機、情動、態度などを基本的に方向づける中核的な反応の型で、ある特定の集団の成員に優位性をもって共通に見られるもの」としています。

　渡辺は心理学的な文化の見方の特徴として、個体と環境との相互関係の中で文化をとらえようとしています。

コラム2　主観文化と客観文化

　トリアンディス（Triandis 1975）は文化を**物質文化**と**主観文化**の2つに分けています。物質文化とは例えば建物など目に見えるもので、主観文化は価値、態度など目に見えないものとしています。

▶ 異文化コミュニケーションとは

コラム3　異文化コミュニケーションの定義

　異文化コミュニケーションの定義に関しては、これまでいくつかの定義がなされてきています。ちょっと見てみましょう。サモーバー（Samovar）他（1983）は「異文化コミュニケーションはメッセージの送り手と受け手が異なった文化背景を持っているときに起こる」としています。また、グディカンストとキム（Gudykunst & Kim 1984）の定義によれば、「異文化コミュニケーションとは、異なった文化的背景の人たちの間の意味付与を含む相互作用的、象徴的過程」としています。また、この2つの定義について、石井他（1987）は、「グディカンスト他の定義の場合、サモーバーと比較し、文化的相違を重視する点では

共通であるが、相互作用過程としてのコミュニケーションと言語その他の象徴への意味の付与行為に視点をおいている」としています。八代他（1998）は、「望ましい異文化コミュニケーションは、自分と相手の共生共栄と相互尊重のために行う情報交換、情報共有、共通の意味形成行為である」ととらえています。本書でもこのとらえ方で異文化コミュニケーションをとらえたいと思います。また、人によって見方は異なりますが、異文化コミュニケーション（Intercultural Communication）という場合、実際の異文化接触という場面でのコミュニケーションの場合に用いられ、交差文化コミュニケーション（Cross Cultural Communication）という場合は一定の現象をいくつかの文化で比較する場合に用いられるのが一般的な見方のようです。

▶ 人はなぜコミュニケーションするのか
―コミュニケーションの動機づけ

コラム4 コミュニケーションの動機づけとは

　私たちはなぜコミュニケーションをするのでしょうか。コミュニケーションと欲求や動機づけは切り離せない関係にあります。マズロー（Maslow 1987）は、以下のように人間はいくつかの欲求が階層的になっていることを指摘しています。

生理の欲求（The Physiological Needs）

　人間の欲求の中でまず最初に挙げられるのが、生理的欲求である。具体的には、寝る、食べる等である。人間は、すべてのものを失ってしまっても、この生理的欲求はまず満たさなければならない最も主要なものである。特に緊急事態では、平和な世界で普通に機能していたことが機能しなくなる。そうなって初めて「生理の欲求」の重要性に気づく。

安全の欲求（The Safety Needs）

　次に現れるのが安全の欲求である。これは、安全、安定性、不安や怖れからの解放等のことである。平和で円滑で安定した社会では、ひどい天候や暴政等

とは関係なく人びとは安全な気持ちで生活できているので、「安全の欲求」の必要性についてはあまり気づかない。しかし、革命等の社会的に不安定な状況におかれたり、戦争、自然の大災害等の災害の時になって、「安全」の欲求が積極的な意味を持ってくる。

帰属と愛の欲求（The Belongingness and Love Needs）

次に現れるのが、帰属と愛の欲求である。愛の欲求とは、愛を与えたり、受け取ったりする欲求のことである。もしこの欲求に満足できなければ友人や恋人など人々との関係に支障が生じるだろう。帰属の欲求は、自分の故郷、グループ、ルーツなど自分が何かに属しているという欲求である。頻繁に移動する生活を送っている子どもたちにとっては、根無し草という感情を生み出してしまい、適応について支障がでることがある。

自尊の欲求（The Esteem Needs）

次に挙げるのが自尊の欲求である。これは自尊心と、他者を尊敬する心のことであり、これら2つは相互補完的な関係にある。自尊の欲求とは、まず、力、達成感、申し分のなさ、能力、自信への欲求や独立、自由への欲求を示す。また、評判や名声、地位、栄光、威厳、正しい評価なども示す。自尊の欲求は、自信や価値、世の中で役立っているという感情につながる。しかし同時に劣等感や弱さ、無力感も生み出す。最も安定的で健康的な自己肯定感（self-esteem）は、過度な名声や賞賛ではなく、他者から受けるに値される程度で尊敬されることである。

自己実現の欲求（The Self-Actualization）

最後に現れるのが自己実現の欲求である。人びとは、自分のありのままの姿に誠実でなければならないのである。自己実現の欲求は、個人個人によって異なる。ある人はよい画家になりたい、別の人はすばらしい親になりたいなど個々によってさまざまなのである。しかし、この欲求の共通の特徴は、生理の欲求、安全の欲求、帰属と愛の欲求、自尊の欲求が前提となっていることなのである。
（Maslow, A. (1987) *Motivation and personality* 3rd edition.NY: Harper Collins Publishers Inc.、pp.18～22より抜粋　筆者訳）

✎ voice……声

■ 私にとっての「文化」・「異文化理解」とは？

　筆者は、留学生や帰国子女、日本人学生などさまざまなバックグラウンドを持った学生たちによって構成されている多文化クラス「異文化理解とコミュニケーション」を担当していました。さまざまなディスカッションをしていく中で「文化」や「異文化」に対する考え方も変わっていった学生たちも多いようです。受講生たちの声を文集レポートから紹介しましょう。

💬 僕の今までの考えの一つでは、文化というものを大きく国とか民族で分けようとしていた。これはある意味においては正しいと思う。しかし、いろんな人と接していくうちに、人間の文化に国境なんかなく、それぞれの人の中に奥深いパーソナリティという文化、自分と違うものをもっと認識した。人と人の接する難しさを覚えたのは、大学に入ったときと、この授業を受けたときだった。もう一つ気づいたことは、文化を考えるときに文化差を考えるようになったことだった。僕は文化が違えばそれは自分たちの文化とは次元の違うもの、あるいは異質なものとしてとらえていく傾向が強かった。やっぱり文化が違う人とそういうことがあるから、その文化のことを一から知るために構えてしまったのかもしれない。しかし、実際は文化には共通のものが多いことに気がついた。これは、文化差があるのだから、同じ文化もあるだろうという逆の発想法である。とかく文化というと文化差のことを大きく取り上げるが、果たしてそれだけでよいのだろうか。

💬 このクラスを受講して、個性あるメンバーたちは僕に多くの驚きや影響を与えてくれた。毎週ボディランゲージや個々の人生の価値観についてディスカッションしていると、国や住んでいた地域による文化差はもちろん、同じような文化で育って似通った価値観を持っているだろうと思っていた人でも、自分とは全く違った価値観を持っていることがわかって、とても面白い。人と人との付き合いにおいて、相手の国や地域の中に根付いた文化の理解も重要で必要だけれども、それだけで区別するのではなく、結局

のところ、個々の違いを感じなくてはならないことを再認識させてくれた。

● 異文化というのは何も国が異なるからというだけで起こるものではない。人はそれぞれ違った環境の中で生きているのだから、だれもがそれぞれ異なった文化を持っているはずである。だから、私たちは人と触れ合うとき、その人が日本人であれ、外国人であれ、お互いの文化を理解する努力をしなければならない、そんなことを学びました。

● この授業の名前にある「異文化」とはすなわち自分以外のすべてであり、「コミュニケーション」とは現在の大学の授業に欠けている先生と学生間のつながり、学生同士のつながりをも表現していると思う。

🔲 多文化クラスを受講している学生たちが、クラスでの討論を通じて「文化」についてどうとらえているかが表れています。「国」でとらえていたのが、個人でとらえるようになったこと、異質性よりも共通点にも目がいくようになったこと、コミュニケーションそのものを文化としてとらえるようになったこと等さまざまな気づきがあったことがわかります。

第1章

自分とは何だろう

● プロローグ

　中国に住んでいたとき、パーティーの席で初対面の中国人から「いくら給料もらっているの？」と聞かれて戸惑ったことがありました。日本では、よほど親しくない限り、そのようなことは聞きませんから。でも、中国の社会では、初対面の人にこのような質問をすることは失礼なことでも何でもなかったのです。

　あなたは、初対面の人と出会ったとき、あなた自身をどのように自己紹介しますか。人からあなた自身についてあまり聞かれたくないことを聞かれて傷ついたことはありますか。また、あなた自身が相手を傷つけてしまったことはありますか。

　ここではアイデンティティや自己開示について考えてみたいと思います。

● キーワード

アイデンティティ　自己開示

　あなたは「自分ってどんな人？」と聞かれたら、どのように答えるでしょうか。「○○人」「女性」「○○県出身」「学生」「楽器が好き」などいろいろな答えが返ってくるでしょう。**アイデンティティ**は、一般には自分らしさや自分が自分自身である、という意味で使われています。

　アイデンティティという言葉はよく使われている言葉ですが、これまで、アイデンティティは、「アイデンティティは自己の核であり、生まれてから一生継続しているもの」というとらえ方が主でした。つまり、アイデンティティを「○○国出身」「○○人」のように出身地や民族など、環境の変化に依存しない固定的なもの」としてとらえてきたのです。

　しかし、その後、人々が移動して社会が多様化していく中で、安定的、固定的なアイデンティティでとらえていくことに限界が出てきました。このような中、アイデンティティのとらえ方の一つとして、固定的でなく流動的なとらえ方があります。カルチュラルスタディーズを専門とするスチュアート・ホール（Hall, S. 1992）は、「人々の折衝の空間」を「文化」としてとらえた上で、「主体はさまざまな意味が飛び交っている場で状況に応じてその都度異なったアイデンティティを選びうる」としています。主体は複数のアイデンティティを持っており、その中からその都度選択していくものとしてアイデンティティをとらえています。また、ホール（Hall, S. 1990）は、アイデンティティを、「完成されたものではなく、常に過程にあり、表象の外部ではなく内部で構築される「生産物」として考えなければならない」としています。

　では、「複数のアイデンティティの中からその都度状況に応じて主体的にアイデンティティを選択していく」とはどのようなことでしょうか。以下は、かつて外国籍児童だった野村達雄さん（本書の第 11 章 p. 204 で紹介）が少年時代を回想している文章から引用したものです。中国から日本に来て新しい土地に移り住んだばかりのときのことについて以下のように述べています。

　　近所の湯谷小学校という学校に転入しました。初めてクラスに入った

ときの自己紹介では、自分が中国人であることを話しました。中国から来たことを言うと、いじめられたり後ろ指を指されたりするかもしれないと心配はありましたが、隠したくはありませんでした。（中略）大人も子供も、英語はカッコイイ、中国語はカッコワルイというような意識をもっているように思えました。中国人だからこんなこともわからないんだと言われることもありました。当時、僕と同じように、幼いときに中国から日本に来た人の中には、周りから後ろ指を指されるのが嫌で、中国語を話さなくなる子が少なからずいました。（中略）僕は中国で生まれ育ったことを隠すことは絶対にしませんでした。子供ながらに中国で生まれ育ったことを恥じることなく、それを含めて自分自身だと主張したかったのだと思います。（中略）中国に生まれ、育ったことを否定するのは自分を否定することだと考えていました。（中略）僕の心配をよそに、中国人であることをからかわれることもなく、転入してすぐに友達ができました。（野村（2017）、pp.41 ～ 42 より）

　この中で、野村さんは周囲からいじめを受けないかと心配しながらも、「自分が中国人である」というアイデンティティを主体的に選択し、それを積極的に外に出していった過程が書かれています。その後、野村さんの回想には、「新しい友達と遊ぶのはテレビゲームだったこと」「自分のポケモンを手に入れたこと」「ゲームがどのように作られているのだろうということに興味を持ち始めたこと」がつづられています。ここでは、「ゲームに興味を持っている人」というアイデンティティを主体的に選び取っています。アイデンティティは必ずしも一つではなく複数であり、そして流動的であるといえます。

　箕浦（2003）は、戴（1999）のサンフランシスコの調査の例を挙げた上で、「多文化共生社会」とアイデンティティについて、「生きやすさとは、他者から一定の位置取りをすることを強制されることなく、自分で位置取りを決められるだけの自由度のある社会ということである。多文化共生社会とは、そうした選択の自由度があると大多数の人が考えている社会のことである」と述べています。箕浦の述べるように、一人ひとりにとって「こういうアイデンティティを選びたい」と思ったときに、「あなたは○○だからできない」

とその可能性を閉ざされるのでなく自由に選ぶことのできる社会が多文化共生社会であると言うことができるのではないでしょうか。

では、多文化化が進む中、教育においてアイデンティティを考えるとき、どのようにとらえていけばよいでしょうか。佐藤（2019）は、「一文化、一集団に自己のアイデンティティの拠り所を求める」よりも「多文化的アイデンティティ」のあり方を目指すことが教育の中で必要であると述べています。

筆者は、ある中国人の中学生が、同じ中国人の小学生に勉強を教える機会があり、小学生にサポートしたことが大きな自信になったという話を聞いたことがあります。その中学生は小学生とのやりとりを通して「中国人の生徒」というアイデンティティだけではなく、「教える人」というアイデンティティを持つことで、自己肯定感が高まった例と言えると思います。また、ブラジル人学校から日本の学校に移り、自分に自信の持てなかったブラジル人の生徒が、日本人の生徒の前でカポエイラ（ブラジルの伝統的な格闘技とダンスの合わさったもの）を披露したことをきっかけに自信を取り戻したという話を聞いたこともあります。「ブラジルの生徒」というアイデンティティだけではなく「カポエイラの得意な○○さん」というアイデンティティを持つことで、その子どもだけではなく周囲の子どもも変わっていったのではないかと思います。

❷ ジョハリの窓

あなたは、初対面の人に、まず自分のどんな部分を紹介しますか。年齢？職業？　趣味？　家族？　あなたがほかの人に「オープンにできる自分」と「できない自分」はありますか。

あなたは、友人と付き合っていて、「あなたってけっこう積極的ね」などと、それまで自分では思っていなかったようなことを言われて、はっとしたことはないでしょうか。また、自分は知っているけれど、ほかの人にはあまり見せたくない部分もあるのではないでしょうか。特に初対面の人の前では、自分のことをいろいろと話すのはちょっと……、と思っている人も多いでしょ

う。また、初対面なのに自分のいろんなことを話したりする人に会って、「この人は、ちょっと自分のことしゃべりすぎ」と思った経験はないでしょうか。

　自分の態度や意見、趣味、仕事、パーソナリティなど、自分自身のいろいろなことについて他人に打ち明けることを「**自己開示**」と言います。

　米国人留学生と日本人学生でディスカッションしたときのこと。「この中で恋人がいる人は？」という米国人学生の問い掛けに、米国人学生はほとんどが即座に手を挙げたのですが、日本人学生は恥ずかしそうに下を向くばかりで、だれも手を挙げません。「えっ、どうして？　恋人がいないの？」という問い掛けにも、曖昧に笑うだけです。「どんなふうにデートをするのか聞きたいのに、ディスカッションできない」と米国人学生はストレスがたまってしまったようでした。クラスでのディスカッションの場で「恋人がいるかいないか」について、相手にオープンにできるかできないかが異なっていたのです。

　ここで、「**ジョハリの窓**」を紹介したいと思います。ジョハリの窓とは、ラフトとインガム（Luft, Joseph & Ingham, Harrington 1955）によって提案されたもので、二人のファーストネームを組み合わせた名前になっています。

　図1を見てください。「田」の字に似ていますね。まず、自分自身が知っ

ている部分と知らない部分を横軸にします。そして、自分自身の中で他人に知られている部分と他人に知られていない部分を縦軸にします。すると、このように４つの部分に区切られます。区切られた部分は、それぞれ、①自分も知っていて、他人にも知られているオープンな部分、②自分では知らないが、他人には知られている部分、③自分では知っているが、他人には知られていない部分、④自分にも他人にも知られていない部分、になります。このように見てみると、①の、自分にも他人にも知られている部分が大きければ大きいほど、自己開示が大きいことになります。もしも、コミュニケーションしているＡさんとＢさんの窓の大きさが違う場合、どうなるでしょうか。例えばＡさんはＢさんに比べて①の窓が大きいとしましょう。この場合、Ｂさんはさんのことを「何でも自分のことをしゃべりすぎ」と感じるでしょうし、ＡさんはＢさんのことを「なぜ私に自分のことをあまり話してくれないのかなあ」と感じるでしょう。この感じ方の違いが、お互いのギャップを生み出してしまう場合もあるのです。初対面だとなおさら相手に悪い印象を与えてしまいますね。

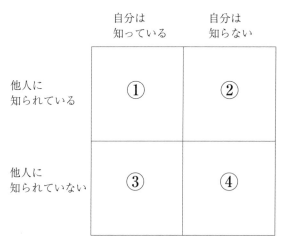

図1 ジョハリの窓（バーンランド 1979　p. 37 をもとに作成）

　また、このジョハリの窓の発想から、バーンランド（Barnlund）はほか
の人といろいろ情報を分かち合える自分自身の部分を「**公的自己**」、他人に
は打ち明けられない部分を「**私的自己**」としました。もしも、公的自己が大
きい人が私的自己の大きい人とコミュニケーションしたら「あまり自分を出
さない人だなあ」と、もどかしく思うでしょう。もちろん、こうしたジョハ
リの窓や私的自己、公的自己の大きさは、一人の人間の中でも、場面や状況
によって変化します。

　このように、「相手にどのように自分自身を出せばよいか」については、
人それぞれだということを心に留めておく必要があるでしょう。

　自己開示の仕方にはかなり個人差があります。現場に立つ教師自身も学生
もそれぞれの大きさがあり、時と場合によって異なっている一人の人間です。
授業で学生のコメントなどを（皆で共有するという意味で）紹介することが
ありますが、筆者は必ず「名前を言って紹介していいか、匿名で紹介するほ
うがいいか」を参加者全員に尋ねます。一人でも「匿名がいい」という学生
がいれば、名前は言わずに紹介することにしています。ともすれば日本語教
師は教室の中で「自己開示」の大きい学生を高く評価してしまう傾向がある
のではないかと思いますが、自己開示は大きくすればいいというわけではな
く、それぞれの違いがあることを認め尊重した上で授業を行うことが大切で
はないでしょうか。また、教師の自己開示の仕方も、知らず知らずのうちに
学習者の自己開示に影響を与えていることがあるのではないかと思います。
例えば、「中国にいたときに、数え方のジェスチャーがわからなくて、買い
物に苦労したのよ」などと自分の失敗談を学生に話すと、いつの間にか学生
たちも心を開くようになったという経験があります。

　また、相手にどんな話題を出すかも、相手とどのくらい知り合っているか
によって違うといわれています。例えば、ミラーとスタインバーグ（Miller
& Steinberg 1975）は、異文化間の人間関係発達の初期では、気候や食習
慣など、当たり障りのない話題が選ばれ、次の段階では所属する組織（学校、
会社など）や役割などの話題が選ばれるが、さらに次の段階に進むと、個人
的な考えなどに話題が変化していくとしています。初対面の人との会話を振
り返ってみると、思い当たることは多いのではないでしょうか。

3 コミュニケーションと自己開示

　ここでは、自己開示とコミュニケーションについて考えてみましょう。学生が相談にのってもらいたいと思うとき、悩みを抱えているときなど、ちょっと先生に話を聞いてもらいたいな、と思って話しに来ることがあるでしょう。そんなとき、どんなふうに聞いたり、答えたりしますか。学生が考え、さらに話を続けようとしているのに気づかず、それを待たずに、答えを急がせて遮ってしまうような話し方をしたことはありませんか。

　松本（1996）は、質問に対してどう答えるか話し手に選択の余地があり、自由に答えることができる質問を「**開いた質問**」、基本的に「はい」「いいえ」でしか答えられない質問を、「**閉じた質問**」と述べています。相手の気持ちが開かれた状態で話を聞くためには、「はい」「いいえ」だけで答えられる「閉じた質問」よりも、そうではない「開いた質問」のほうが効果的と言えるでしょう。

　例えば次の会話を聞いてみましょう。どちらが心を開いて答えたい気持ちになるでしょうか。ちょっと考えてみてください。

　　会話例①：「問題があるのですか」
　　　　　　　「はい（もっと言いたいけど、これ以上は言えないなあ）」
　　会話例②：「どうしたの？」
　　　　　　　「実は、勉強のことで悩んでいるんです」

　①は閉じた質問、②は開いた質問です。「問題があるのですか」と聞かれるよりも、「どうしたの？」と聞かれたほうが、相手は安心して自分を出すことができるでしょう。また、悩みを抱えている学生を安易に励ますのもよくないでしょう。相手はただ話を聞いてもらいたいのかもしれません。「大丈夫よ。頑張って」という言葉は、かえって何も話を続けられない状態になってしまい、時には学生にとってプレッシャーになることがあるのです。また、何人かの日本語教師から、「相手の話を待たずに、自分がしゃべりすぎになっていることに気づいた」という話を聞いたことがあります。

　コミュニケーションの仕方は自己開示に大きな影響を与えているのです。自分自身のコミュニケーションの仕方を自己開示という点で振り返ってみてはいかがでしょうか。

column……コラム

▶ 「日本人性」とは

コラム 1　社会的に構築されたものとしての「日本人」

　松尾（2010）は、「日本人性」について次のように述べています。

　まず重要なことは、「日本人とは何か」という問いは、日本人であることの本質を解明しようというものではないということである。すなわち、日本の伝統や文化などのエッセンスから究極の日本人像を追究し、日本人に関する知識を生成して日本人という本質的なカテゴリーを強化しようというものではない。それとは反対に、一見自明であるかのような「日本人であること」が、いかに社会的に構築されているかを問うのである。（中略）日本人というカテゴリーを、固定した本質的な実体としてではなく、社会的に構築されたものと捉える。可視化されるかどうかにかかわらず、日本人と外国人の間の違いが社会的な利害を意味するものとしてどのように語られ、日本人という意味が、ある歴史的に位置づいた時間と空間のコンテクストにおいて、いかに形成され変容されているかといったプロセスを問うのである。

　日本人の意味というものは、可変であり不安定であるにもかかわらず、日本人性の特権や規範は、生成され、形を変え、維持されている。日本人性の解明にあたっては、こうした日本人性という意味の形成・変容のプロセス、あるいは、その機能を問題にしたい。（松尾知明「問い直される日本人性―白人性研究を手がかりに」『多民族社会・日本』明石書店、pp.195 〜 196 より抜粋）

日本は恋人か母親か

💬 私は、日本人の両親を持ち、スペインで生まれ育ちました。家の中では両親とは日本語、でも外ではスペイン語で友達と話していました。14歳のとき、父親はまだスペインで仕事をしていたのですが、私の将来を心配した両親は、私一人だけ日本に戻すことを決めました。私は初めての日本で生活を始めたのですが、日本語が難しくて、ときどきよく聞き取れなかったりしました。漢字も難しいです。ときどきスペインでの生活を懐かしく思い出しています。私は今、将来、日本に住むか、スペインに戻るか悩んでいます。日本は私の母親のようであり、スペインは恋人のようなのです。恋人と母親とどちらが大切なのでしょう。どちらか一人を選ぶのはとてもつらいです。私にとっては難しい選択なのです。（帰国生）

初対面の人にそんなことまで話すの？

💬 留学生と一緒のクラスでグループを作って自己紹介をしたんだけど、そのとき、留学生のRさんが恋人のことを話したんです。みんな興味津々で聞いていたら、その恋人とどうやって知り合ったとか、付き合うのはどこが難しいかとか話すんですよね。びっくりしちゃいました。だって、私だったら初対面の人にそんなことまで話さないから。（日本）

日本人に質問されて嫌だったこと

💬 日本人はよく相手の年齢を聞くから困ります。それから、「血液型、何型？」ってすぐ聞かれるのも嫌です。相手は興味で聞いていると思うのですが、答えたくないです。（中国）

💬 私はイスラム教です。日本人に「豚肉は食べられないし、アルコールもだめです」と言うと、「どうして？」と聞かれて困ります。私には答えようがないのです。（インドネシア）

友人と話すとき、話題にすることは？

💬 日本人の親しい人だったらスポーツの結果とかですが、親しくない人には勉強についてわからないところとか聞く程度です。留学生の場合は、親しい人にはどこかへ一緒に遊びに行こうかとか、一緒にスポーツをするとか料理をするとか話題にしますが、親しくない人には身の回りのことなどです。同じ国の人には、親しい人だとお互いの困難なこと（お金、アルバイト、恋など）を一緒に考えたりしますが、親しくない人には近況などを話します。（マレーシア）

💬 親しい人、留学生とはいろいろ何でも話します。日本人の親しい人とは学校のこととか、自分の国と日本の違うところなどを話します。あまり親しくない人だったら、留学生の場合は相手の国や自分の国の話とかで個人的なことは話しません。日本人の親しくない人には、あいさつ程度しかしません。（中国）

💬 初めて会った人には、いろんな普通の話をします。天気（どんな季節が好きかとか）、花の種類、趣味、など。それから、相手がどんな話し方をするのか、どんな人かを観察します。よく知っている人とは、人生のいろいろなことについて話します。生き方、考え方、哲学的なこと、宗教などです。（中国）

💬 日本人の友達でなんでも話せる人はまだいません。あまり親しくない日本人の人とは、マレーシアにいたときの仕事のこと、マレーシアの観光地、種族のこと、テレビ番組のこと、日本のことを話します。親しい友人とは、何でも話します。（マレーシア）

💬 親しい人と話すときは、自分の未来のこととか、相手のいろんな秘密のことを聞くことがあります。どこかへ旅行へ行くとかも。親しくない人にはあいさつぐらいです。（ネパール）

💬 親しい友達には、いろいろ話します。最近の生活のことや悩んでいること、自分の個人的な感情や、人生観です。勉強のこととか、家族についても親しい友人には話します。恋の話も。でも、親しくない人には、あまりこのようなことは話しません。親しくない人には、クラスのこと、料理、今日のこと、音楽とかテレビ、天気のことなどを話題にします。（マレーシア）

🔍 case……事例

ケース1 学生へのアンケートから：「初対面のときの話題」

　留学生と日本人学生に、初対面の相手との話題について質問をしたところ、下のグラフのような結果になりました。留学生の回答総数は 30 で、国籍は、マレーシア、中国、韓国、台湾、ベトナムです。日本人の回答総数も 30 です。

質問：「あなたは、初対面の人と話すとき、どんなことを話題にしますか。話題にすると思うものには○、話題にはしないと思うものには×を付けてください」

○を付けた学生（％）／質問	留学生	日本人学生
1　テレビ番組について	70	80
2　政党について	14	4
3　どんな食べものが好き？	54	84
4　どんな音楽をきいている？	67	93
5　今どんな本をよんでいる？	60	47
6　将来どんな夢もっている？	60	44
7　今アルバイトの収入はいくら？	27	10
8　家族について	80	70
9　今貯金はどのくらい？	7	4
10　以前言葉で人を傷つけたことがある	27	7
11　以前、人に傷つけられたことがある	40	7
12　自分の顔・形について	14	14
13　勉強の悩みについて	67	20
14　恋愛について	40	14

100　50　0　50　100

❗ ここでのデータは少数ですし、単に留学生と日本人というグループで比較してしまうのは危険ですが、留学生と日本人学生の回答を比べると、話題

にする項目にいくつかの相違点が見られます。留学生のほうが日本人学生より多かった項目は、政党の考え、将来の夢、アルバイトの収入、人を傷つけてしまったり傷つけられたりしたこと、勉強の悩み、恋愛、などでした。日本人学生のほうが留学生より多かった項目は、どんな食べ物が好きか、どんな音楽を聞いているかという項目が多く見られました。日本人は、食べ物や音楽の嗜好を初対面で気軽に話題にしがちですが、留学生にとってはあまり話題にしたくないトピックとして挙げられました。ここで紹介した調査は小規模なものであり、また個人差も見られると思います。しかし、留学生と日本人学生の間で、初対面の際に話題にしやすいことの違いがコミュニケーションギャップの一因となることは否めないでしょう。

ケース2 「気遣いのつもりが……」

　米国人の学生たちが短期留学でやってくるために受け入れの準備をしていたＡさん。宗教によっては食べ物や飲み物にもかなり厳しい制約があるのを知って、このことを事前にホストファミリーに連絡しておくべきかと思い、相手側の大学に「学生の宗教について教えてほしい」と問い合わせました。ところが、相手側からは「宗教について聞くことは、差別につながってしまうので聞けない」という返事が。気遣いのつもりだったのが、相手へのプライバシーの侵害だったのです。

ケース3 「国境についての話題は……」

　新米で張り切っている日本語教師のＢさん。「今日はあなたの国を紹介してください」と学生に言いました。「さあ、あなたの国はどんな形をしているか黒板に描いてください」と、学生たちに一人ずつ描いてもらおうとしました。ところが、ある学生がちょっと難しい顔をしていました。Ｂさんはその学生を黒板の前に立たせて描いてもらおうとしたのですが、その学生はできないという顔をします。授業の後で、Ｂさんは、その学生の国が現在紛争中で、国境についての話題は非常にセンシティブであるということに気づきました。その学生にとっては触れられたくない話題だったのです。Ｂさんは、

日本では何でもない普通の話題だと思えることが、ある学生にとっては触れられたくない話題であるということに初めて気づいたのでした。

ケース4 ライフヒストリーを用いたハイブリッドなアイデンティティを考える実践

筆者は、教育学部での「多文化教育方法論」の授業の中で、ライフヒストリーから「ハイブリッドなアイデンティティを考える」という実践を行っています。森茂・中山編（2008）『日系移民学習の理論と実践』の中に記載されている日系アメリカ人のライフヒストリーを読み、それらについて考える実践です。収録されている日系アメリカ人のライフヒストリーは、例えば、第2次世界大戦中に、本人は米軍、兄は日本軍、長男は米軍、次男は日本海軍に所属していたというケース等があります。実践では8名のライフヒストリーをそれぞれ担当して読み、これらを8名のグループで共有し、当事者の立場に立ちアイデンティティの観点から考察するという内容で行いました。学生は、ハイブリッドなアイデンティティという観点からさまざまな気づきが見られました（徳井 2019）。

- 自分はいったい何者かという問いに苦しんでいたのではないか。
- 日本とアメリカの狭間にいた人は苦しみが強かったと思う。本来ならば一番の理解者であり応援してくれるであろう家族とのあいだで信じるところが異なっている点にあると考える。
- 本人たちはアメリカ人なのか日本人なのかどのような感情でいたらよいのかわからなかったと思う。
- 国籍、アイデンティティ、自分らしく、○○人って何だろうということを考えさせられた。
- 個人というミクロの視点から日系人を見ることで、アメリカと日本という2つの国の間でアイデンティティが揺らぎながらも両国の架け橋になろうとした存在がいたことがわかった。

🖋 Let's practice……実践してみよう

1 「ドラマの中の「〜らしさ」を見つけてみよう」

目的：ドラマに出演している登場人物から「〜らしさ」を観察する。

方法：テレビのドラマを見てみましょう。ドラマでさまざまな役割、職業の人たちが登場していますが、それぞれの役割、職業「らしさ」はどのような動作やコミュニケーションに表れているでしょうか。観察してみましょう。

> ❗ ドラマはさまざまな種類がありますが、例えば刑事ものなどの場合、「刑事らしさ」は言語・非言語コミュニケーションのどのような場面に出ているでしょうか。

2 「自己紹介ゲーム 1」

目的：自己のオープンな部分と隠れた部分（ジョハリの窓）について意識化する（クラスの開講初期、初対面のときに行うのがふさわしい）。

方法：①自分について知っていることを思いつくまま箇条書きにします。
②お互いに初対面の人とペアになり、自己紹介をします。
③①で書いたことと、②で話したことを比較します。
④オープンな部分と隠れた部分の差について振り返ってみましょう。
※①で書いたことはプライバシーにかかわるので、これに考慮してクラス全体では共有せず、個々に振り返るのがよいでしょう。

> ❗ この実践では、自己開示の大きさを競うのではなく、それぞれ自己の自己開示の大きさについて意識し、相対化することがねらいです。

❸ 「自己紹介ゲーム２」

目的：自己開示の大きさの変化を体験する。

方法：①クラスの最初に、（1）～（3）の順で自己紹介をします。

  （1）一人ずつ立って自己紹介をする。

  （2）ペアになってお互いの自己紹介をする。

  （3）向かい合わせに２列に並び、正面の人と自己紹介しながら、
    一人ずつ相手を交代していく。

  ②（1）～（3）のそれぞれの自己紹介で、自分自身は相手にどんなこ
   とを話したか、相手に対して自分の出し方が異なったか、振り返っ
   てみましょう。

❗ この後、ジョハリの窓についての説明をします。そして、（1）～（3）の自
己紹介の間に自分自身の自己開示がどのように変化したかを振り返ります。
個人個人がアンケートという形で振り返るようにしたほうがよいかと思い
ます。

実践例から：

（1）の場合、「私は○○から来た△△と申します」のように、国、名前な
どしか言わない場合が多く見られます。（2）の場合、「なぜ日本に来たかを
話した」「日本に来て一番思い出に残っていることを話した」など、（1）の
ときよりも個人的な話題になっていることが多いようです。さらに（3）の
場合、趣味やお互いの共通点を探したりさらに個人的な話題になったりして
いる場合が多いようです。この順序でやることで表面的ではなく内面につい
ても話すようになり自己開示の大きさが深まっていったことがわかります。

留意点：

自己開示を扱うのは、特に相手との関係が新鮮なコースの初めに、自分自
身を再認識するという形で行うのが適当ではないかと思います。また、自己
開示を扱う際は、相手のプライバシーを十分守るよう気を付けることが大切

でしょう。相手のプライバシーに関することは全員の前では発言させないよう気を付ける必要があります。

❹「空間と自己開示」

目的：空間は自己開示にどう影響するか考える。

方法：①次の図のように 2 人で座ってみましょう。

　　　　②次のことについて考えてみましょう。「相談をするとき、どのような位置だと話しやすいですか」

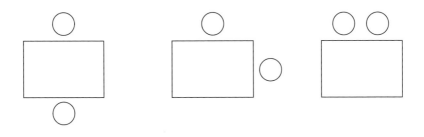

> ❗「前に座っているとき」「隣に座っているとき」など、位置によって異なります。このように、どのような状況であれば話しやすいかについての考えには、個人差があることに気づかせます。

第2章

異文化との接触

● プロローグ

　中国に住み始めて間もないときのこと。知人の家での夕食に招待された筆者は、知人の家族と一緒に楽しく夕食をいただきました。乾杯の後、次々と出てくるおいしい食べ物を食べとても楽しい時間を過ごしましたが、今まで食べたたことがないほどたくさんの料理が出てくるのです。「いただいた料理は残さず食べなさい」と言われて育った筆者はすべて食べようとしましたがおなかがいっぱいです。

　後になって、「中国では、相手を料理に招待するとき食べきれないほど出すのがしきたりで、客は料理を残すのが常識」と聞いて真っ青になりました。その知識がなかったために、日本にいるときと同じ行動をしてしまったのです。しかし、そのことを知った後も、頭の中で知識としてはあっても感情的に受け入れて行動するのに少し抵抗がありました。

　異文化と接触するとはどういうことでしょうか。ここでは異文化との接触について考えてみましょう。

● キーワード

異文化接触　成長

1 こんなはずではないのに！

　小学校に入学したとき、新しい土地に引っ越したとき、外国に出掛けたとき、新しく人と出会ったとき……。最初のとても緊張した、戸惑いと希望に満ちたレモンのような甘酸っぱい気持ちを、皆さんだれでも覚えているのではないでしょうか。「初めて」という体験は私たちをワクワクドキドキさせます。でも、しばらくたつと、ちょっと期待外れだと思ってがっかりしたり悩んだりしたこともあったのではないでしょうか。しかし、それを過ぎると「まあ、こんなものかな」と次第に受け入れていく。そんな体験をだれでも一つや二つ持っているのではないでしょうか。このように、これまでと違った習慣や価値観に触れるとだれでも不安になる経験を「**カルチャーショック**」と言います。文化人類学者オバーグ（Oberg 1960）はカルチャーショックを、「異なった文化で習慣、身振り、言語などわれわれが親しんでいる社会的交渉のサインやシンボルをすべて失う結果、生じる不安により引き起こされるもの」と定義しています。カルチャーショックというと外国で生活する場合に当てはめて考えがちですが、それに限らず、例えば結婚、転居など日常生活の中での「異文化体験」をする人だれにでも起こり得る自然な現象です。皆さんは夜、寝るときに部屋を真っ暗にして寝ますか。それとも小さな明かりをつけて寝ますか。もし異なった習慣を持つ2人が結婚したら、どうなるでしょう。カルチャーショックは、日常生活のほんの些細なことの中にもあるのです。

　では、異文化と出合うときにはどのような状態になるのでしょうか。米国の大学に1年間留学したＡさんの気持ちの変化を、稲村モデル（p. 50「コラム1」参照）に従ってちょっとのぞいてみましょう。

（1）移住期

　アメリカにやってきて1週間。何もかも珍しい。ルームメートはニューヨーク出身だが、とても明るそう。みんな会うと朗らかにあいさつしたりして、とてもうれしくなる。部屋も日本にいたときよりも大きいし、店にもいろんなものがあるし。アメリカに来て、よかった。

(2) 不満期

　アメリカに来て、4カ月たった。このごろ、ちょっとわからないことが多い。昨日のパーティーで親しく話したアメリカ人に今日会ったけど、あいさつもしてくれない。私のこと、どう思っているんだろう。この前一緒にドライブに行ったスーザンには、いろいろ助手席で気遣いをしたつもりなのに、「ほっといて」と言われてしまった。本当の親切って何だろう。彼女のこと友人だと思っていたのに、ショック。もっとショックなことといえば、ルームメートのジャッキーが私に黙って私の洋服を着てしまったこと。いったいどうしたっていうの？　それから、最近授業もとても難しくてついていけない。やっぱり英語で考えるって難しいなあ。

(3) 諦観期

　5カ月目。いろいろ悩んでしまったけど、「こんなものなのかなあ」と思うようになった。あまりいろいろなことに期待しすぎないで、ありのままを受け止めながら生活していくのがいいのかな。スーザンにはスーザンなりの考えがあったに違いない。きっとあのとき、ほっとくのも、相手に自由を与えるっていうので親切なのかな。ジャッキーのプライバシーの考え方も違うのかな。

(4) 適応期

　私がちょっと落ち込んでいたら、ルームメートのジャッキーが、"I am sorry for you." とそっと言ってきた。温かい思いやりのある言葉に一人の人間としての友情を感じた。国籍を問わず、同じ人間同士、理解し合っていくことはできるのだ。このことがきっかけで、周りのいろんなことを肯定的に見ることができるようになった。英語で自分の感情も少しずつ表現できるようになると、同時に相手の感情も、日本人としてではなく一人の人間として感じられるようになった。春休み、ジャッキーのいるシカゴへ行って一緒に1週間滞在したが、家族同様にみんなが接してくれてうれしかった。特に家族といろいろな人生観についての話もできたのは予想もしなかった。

(5) 望郷期

　日本を離れて1年がたったが、最近、日本のことも懐かしく感じている。特に食べ物が恋しい。おみそ汁とか、ふだん何気なく口にしていたものが特

に恋しい。ちょうど今ごろ故郷でやっているお祭りのにぎやかさも懐かしいなあ。

　Aさんの心の動きを見てみると、「最初はワクワクして楽しい状態」→「否定的で不満な状態」→「受け入れていく状態」と変化していることがわかります。このように、最初は興奮状態が続いて、その後、落ち込み、次第に周りのことを受け入れていく……、というのは、Aさんだけが特別な状態なのではなく、人が異文化に接したときに起こり得るごく普通のパターンとされています。異文化適応の仕方の段階に関してはさまざまな説明があります(p. 50「コラム1」、「コラム2」参照)。これらはこれまで多くの人によって、グラフにするとちょうど図2のようになるといわれてきました。このグラフはアルファベットのUに似ていることから、Uカーブといわれていますが、これはリスガード(Lysgaard 1955)によって提示されたものです。また、その後、ガルホーンら (Gullahorn, J. T. & Gullahorn, H. E. 1963) は、海外に行くときだけではなくその後自国に戻った後にもUカーブと同じパターンが見られることを発見し、Uカーブを2つ合わせた形のWカーブを提言しています。(p. 55「ケース1」参照)。

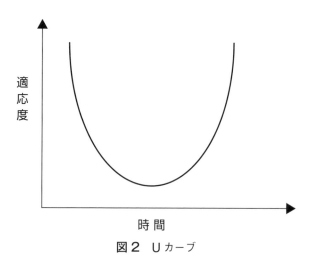

図2　Uカーブ

　また、ここでは外国での生活のケースを取り上げましたが、それ以外にも、人と付き合ったり、引っ越しをしたり、新しい仕事に就いたり、さまざまな環境の変化ではいつでも起こり得る現象なのです。

❷　カルチャーショックは成長のチャンス！

　このように U カーブは異文化接触の状態について説明するのによく使われていますが、本当に、だれもがこのようにすっきりとしたカーブを体験するのでしょうか。現実にはだれもがこのような一定の経過を同じようにたどるのではなく、人によっては不満期が短かったり長かったり、何回か繰り返したりなど、個人差があると言えるでしょう。また、例えばこんなケースがあります。外国に生まれ、15 歳まで育ってから日本に帰国した帰国生が、日本に適応しようと意識して生活していたのですが、1 年足らずで生まれ育った国に戻りました。そしてその 1 年後、もう一度日本での生活を始めたいと決意し、来日しました。その生徒は、自分は果たして日本でやっていけるのかどうかという不安と悩み、育った国に戻りたいという気持ち、日本にいるとどこか安心するというさまざまな感情を繰り返し抱きながら、ストレスと停滞、成長を繰り返して少しずつ日本の生活に慣れ、成長していきました。現実には「移住期→不満期→諦観期→適応期→望郷期」のように一直線に進むような単純なものでもなく、U カーブのようなすっきりとしたものでもないと言えるでしょう。この学生ばかりではなく、冒頭で紹介した A さんも実はそれぞれの段階の間を行ったり来たり、立ち止まったり後戻りしたりしながら、米国での生活を送っていたと言えるでしょう。

　キムとルーベン（Kim & Ruben 1988）は、カルチャーショックを成長の機会としてとらえた上で、次のモデルを提示しています（図 3）。

　これは、このグラフのようにストレスと適応（adaptation）を繰り返しながら成長をしていくということを示しています。つまり、ストレスで落ち込みながらもそこから適応の糸口を見つけ、さらに落ち込みと適応を繰り返しながら少しずつ成長をしていくというのです。

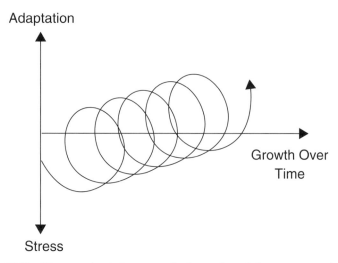

図 3　Stress-adaptation-growth dynamics of the process of
Intercultural transformation

Young Yun Kim & Brent Ruben 'Intercultural Transformation: A systems theory',
"Theories in Intercultural communication" (Young Yun Kim & William B. Gudykunst
eds), p.312, 1996, by the Speech Communication Association, Reprinted by permission
of Sage Publications, Inc.

　カルチャーショックを成長の機会ととらえるかストレスととらえるかについてはこれまでいくつかの意見があります。アドラー（Adler 1987）は、カルチャーショックを「自己への気づきと成長を引き出す体験であり、しかも異文化について学ぶチャンスである」とポジティブなものとしてとらえています（もちろん、ストレスにはプラスの意味の場合もあります。キムとルーベンはアドラーの考えにもとづいてこのモデルを提示しています。筆者は、日本人学生の米国短期留学の引率を１カ月したことがあります。緊張と不安を抱えて米国生活を始めた最初のころ、学生たちは皆、戸惑いと発見の連続でした。しかし、いくつかの失敗を繰り返しながら、戸惑いの中でさまざまな人と出会い、「戸惑い」が人と話をする「喜び」に変わり、その中で少しずつ大きな「自信」へと変わっていった過程は、あらためて「異文化との出

合いは人を成長させる」ということを教えてくれるものでした。ここではカルチャーショックという言葉を使いましたが、「ショック」というどちらかといえばネガティブなイメージの言葉より、「成長」という言葉のほうが、むしろふさわしいというとらえ方も多くなってきており、筆者もそのように考えています。異文化と出合うとき、つらいこともあります。しかしこれをマイナスの体験ととらえるのではなく、自分自身への気づきと成長のチャンスとしてプラスにとらえていくことが大切ではないでしょうか。井上（1997）は留学生の心理的不適応について、「その後の発達のステップとして援助していく」という視点に立つことの大切さを述べていますが、日本語教育に携わる立場として、この見方は極めて重要なことではないかと思います。

　齋藤（2009）は、「学齢期に海外から日本に来て日本で教育を受けている子どもたちや、日本生まれ・日本育ちであっても両親が民族的背景をもつ子どもたち、国際結婚家庭の子どもたち、あるいは海外生活の長い日本人家庭の子どもたちを「文化間移動をする子ども」と呼ぶ」としています。そして、齋藤（2009）は、文化間移動をする子どもたちに必要な力について、「今」だけ見るのではなく、「その子どもの人生の流れを、社会や人との関わりといった社会的側面と、自己認識、アイデンティティといった心理的側面からライフコースという視点で捉えることが重要である」としています。また、山脇・服部（2019）は、学校内の連携や学校と地域の連携による外国人児童生徒の支援の事例を挙げ、こうした連携の重要性を提示しています。ライフコースという視点からのとらえ方、学校内外の連携による支援は、子どもの持つ時間軸・空間軸を広くとらえた上での支援であり、子どもの成長を支える上で重要であると思います。

❸ 異文化接触は相互作用

　また、渡辺（1995）は異文化接触を「ある程度の文化化を経た人が他の文化集団やその成員と持つ相互作用」としていますが、このように異文化接触は決して一方向的なものではなく、双方向であり、相互作用であるという

視点は大切ではないかと思います。あるホストファミリーから「留学生を援助するというよりも、むしろ彼らから多くのことを学んだ」という声を聞いたことがあります。教師の側も、学生とのインターアクションを通じて学生の国に対するそれまでのイメージが崩されたり、思わぬ発見をしたり、成長していく学生に教わる部分があったりと、教師自身が変化していく場合も多いのではないでしょうか。そういう意味で、留学生だけではなく、受け入れる側も同様に異文化接触を経験しているのであり、インターアクションを通じて双方に影響を及ぼし合いながら同時に成長していく存在であると言えるのではないかと思います。

また、異文化接触の状態を説明するときに「適応」という言葉がよく使われていますが、ファーナムとボークナー（Furnham & Bochner）は、この言葉には相互作用ではなく心の中を治せばうまくいくと見る傾向があり、自分の「文化的血統」を捨て相手側を受け入れればよい、という文化的ショービニズムが見られるというという点で、問題があるとしています（渡辺1995）。筆者も「適応」という言葉には一方向的な接触、マイノリティがマジョリティに合わせる、という意味が含まれているのではないかと思います。この問題を解決するために、ファーナムとボークナーは「**文化的調節**」（cultural accommodation）という考えを提唱していますが、このほうが異文化接触は双方向的で、相互作用であるという意味に近いと言えるでしょう。

今後日本でも外国人が増加していきますが、多文化共生社会の実現のためには、マイノリティがマジョリティに適応するためにマイノリティ側のみが変容するのではなく、マジョリティ側も変容していくことが大切なのではないでしょうか。双方向の変容があって初めて多文化共生社会が実現するのではないかと考えます。

❹ 共感の大切さ

最近、日本の教育の現場でも外国人児童生徒の数が増えてきましたが、2つの文化のはざまで悩むケースはこれからも増えていくでしょう。どのよう

にすれば、「同化」ではなく、両方の文化を保持していけるのかを考えていくことは、教育の役割の一つと言えると思います。例えば、ブラジル人の子どもにとって、ピアスは大切な文化の一部です。しかし、それを日本の校則という枠の中で否定されてしまうことは、彼らにとって母国の文化をはぎ取られ、日本への同化を強要されていることにもなりかねないのです（ピアス自体はほんの小さなものですが）。未知の文化に接するときには、相手の文化を尊重する気持ちが大切です。佐藤（2001）は、「日本の学校には異なった文化を持つ子どもに同化を強いるさまざまなメカニズムが働いている」ことを指摘しています。最初は「A（マジョリティの文化）＋ B（マイノリティの文化）→ A」という同化教育が中心であり、やがて**文化相対主義**という視点が強調され、マイノリティの文化を尊重するもののマジョリティの文化は固定されたままの「A ＋ B → A ＋ B」に向かってきたが、その後、マジョリティとマイノリティの相互作用を通して新しい価値創造が可能になるような「A ＋ B → C」という共生教育の必要性が提起されるようになった、と述べています（佐藤 2001）。筆者も、この 3 番目の相互作用を通し新たな価値創造が可能になるという視点は重要ではないかと考えます。

　また、相手に対する**同情**（sympathy）ではなく、相手の立場で感じることのできる**共感**（empathy）が大切であると思います。渡辺（1994）は、共感を「仮に自分が相手だったとしたらどのような気持ちなのだろうか、このような経験なのだろうかというように相手が見ている枠組みに沿ってわかろうと努めること」としています。同情と共感の感情の違いは、前者が自分自身の立場から感じている相手に対する感情であるのに対して、後者は相手の立場から相手の気持ちを感じることのできる感情なのです。ある留学生から「日本人から、『もう使わなくなったものがあるのでもらってほしい』と言われて傷ついたことがあった。その人は自分の立場からでしか私たちのことを見ていないと思う」という声を聞いたことがあります。この場合、同情であって共感ではないと言えるのではないでしょうか。

📘 column……コラム

▶ 異文化接触に関する理論

コラム1 稲村のモデル

　異文化の社会に「適応」する過程には、多くの人が共通して経験する特徴がある、とこれまで言われてきました。アドラー（Adler）は、異文化接触の移行体験を、異文化に最初に接触した段階から、崩壊、再統合、自律、独立の段階に至る、と主張しています（近藤 1981）。また、稲村（1980）は「適応」の経過を（1）移住期、（2）不満期、（3）諦観期、（4）適応期、（5）望郷期とし、以下のように説明をしています。

（1）**移住期**：新鮮な気持ちを抱いて無我夢中。緊張と興奮の状態。好奇心も強く、受容と適応力は著しい。不適応現象は少ないが、既往症のある者は症状が悪化したり再発したりもしやすい。この時期は一般的には数週間から数カ月。

（2）**不満期**：不便さ、不自由、異文化の欠点が見えはじめる。不満、いらいら、怒りっぽくなる。心身共に障害を起こしやすい。自殺や精神障害などもこの時期に発生する。移住後、数週間目から始まり、長さは個人によって異なる。

（3）**諦観期**：あきらめ、受容しはじめる。ショックから立ち直れず中途半端。長さはまちまち。この時期と不満期の間を往復する日本人は多い。

（4）**適応期**：客観性が高まる。楽しさが増す。生き甲斐（がい）を感じる。日本人でこの段階に達する者は少ない。特に発展途上国では少ない。

（5）**望郷期**：内地に対する憧憬（しょうけい）と、帰国したい願いが強まる。外地の状況や内地での条件、年齢などによって異なる。

コラム2 ベリーの心理的文化変容のモデル

　渡辺（1995）は、ベリー（Berry 1992）の心理的文化変容のモデルについて以下のように述べています。

　ベリー（Berry 1992）は、異文化接触によって生じる個人のレベルの**心理的文化変容**（Psychological Acculturation）を、「個人が、生活を営んでいる、他の特徴を持つシステムとうまくやっていけるように、接触の度合いを変えたり、周囲の状況を変えたり、心理的な特質を変えたりするような過程」とし、

心理的文化変容の態度に次の 4 種類があることを明らかにしています。

(1) **同化**（Assimilation）：文化的アイデンティティと特徴は保たれていないが、異文化の集団と関係は保持されている状態。

(2) **統合**（Integration）：文化的アイデンティティと特徴が保たれ、かつ異文化の集団と関係が保持されている状態。

(3) **離脱**（Separation）：文化的アイデンティティと特徴は保たれてはいるが、異文化の集団と関係が保持されていない状態。

(4) **境界化**（Marginalization）：文化的アイデンティティと特徴が保たれていなく、かつ異文化の集団との関係も保持されていない状態。

　例えば、エスニックコミュニティなどで生活し、生活のすべてが完結し、交流がない場合は、離脱のケースと言えるでしょう。母語も十分ではなく、かといって第二言語も十分ではなく、どちらかに溶け込んでいるわけではなく、どっちつかずの状態でいるケースは境界化のケースと言えるでしょう。

コラム 3　ベネットの異文化センシティビティモデル

　ベネット（Bennett 1986, 1993）の異文化センシティビティモデル（A Developmental Model of Intercultural Sensitivity）は、異文化に対する個人の意識の発達段階を 6 つのステージに分けています。

(1) **Denial**：違いそのものを否定している段階。つまり、この段階では文化的差異が気づかれていない。外国へ行ったばかりのとき、日本との共通点にまず目がいったことはないだろうか。この段階では自分に親しみのあるものだけに目がいき、違いは見過ごされている。

(2) **Defense**：違いを防衛しようとする段階。このときにようやく「違い」を認めるようになる。この段階では異なったものから自分自身の考えを守ろうとして相手の文化を否定的にみなしたり、優越感あるいは劣等感をもったりする。この段階では、例えば「日本人は集団主義」といった表面的なステレオタイプで相手を見てしまう。

(3) **Minimization**：違いを最小化していく段階。この段階では、食習慣の違いなど表面的な差異を文化差として認めるが、同じ人間として共通の部分のほうが強調される。「A さんは、国は自分とは違うけれど、考え方や価値観で

は共通のところもあるなあ」と感じる例など。

（4）Acceptance：違いを受容する段階。ここでは、人は同じではなく、それ
ぞれ異なる世界観を持っていることに気づくようになる。ほかの文化の人の
価値観の違い、行動やコミュニケーションスタイルの違いに気づき、受け入
れていく段階になっていく。「自分の国ではこんな言い方は失礼だからしな
いけれど、Bさんの国では多分こんな言い方はあまり失礼ではないのね」と
納得する例など。

（5）Adaptation：違いへ適応をしていく段階。この段階では、違いが受け入
れられ、尊重されるが、個人は自分自身の世界観に基づいて考え、行動をし
ている。この段階では、相手の視点からものごとを見、感じることができる
Empathy（共感、あるいは感情移入）があるとされている。

（6）Integration：違いとの統合の段階。この段階では自分のアイデンティティ
はどちらにも完全に所属せず、状況に応じてどちらの世界観からも対応でき
ると考えられている。このような段階は理想的だが、実際にはそれほど多く
はない。

　ベネットは（1）～（3）の段階を自文化中心的段階（自文化を中心にしてと
らえてしまう段階）、（4）～（6）の段階を、文化相対的段階（自文化と他文化
とのかかわりを相対的にとらえることのできる段階）としています。また、こ
のモデルは、人と人との出会いのプロセスのケースにも当てはまるでしょう。

▶ 異文化接触とアイデンティティ

コラム4　認知・行動・情動のずれ

　箕浦（2003）は、特に対人関係領域では次のように4つの異文化同化の位
相が考えられると述べています。

（1）自文化と異文化とでは、対人関係の持ち方が違うらしいという認識もな
い場合。

（2）異文化社会の人のやり方が、自文化の人とは異なることを知ってはいるが、
異文化に入っても、その人たちと同じように振舞おうとしないか、振舞えな
い場合。この段階を認知レベルの文化的同化ということにする。異文化の行
動パターンで行動することに抵抗が強く、しばしば感情的反撥を示す。

（3）認知・行動面では、異文化社会のパターンを取り込んでいるが、感情の動きは、自文化のパターンに支配されている場合。

（4）認知・行動・情動すべての面で異文化社会の文化型が取り込まれている場合。

（箕浦康子『子供の異文化体験　増補改訂版』新思索社、p.61より一部抜粋）

コラム5　年齢と文化的アイデンティティ

箕浦（2003）は、米国における日本人児童の調査にもとづき、米国入国時の年齢および滞在期間と文化的アイデンティティとの関係について、次のように述べています。

（1）9歳以後11歳未満で文化的境界を越えた日本の子は、日米間の行動の型の違いを認めることはできても、その背後にある意味空間の違いにまでは気づかない。一つの文化の意味空間によって行動と感情が左右されだす以前なので、ある文化型特有の行動形態から他の文化型の行動形態への置き換えは、比較的スムーズに行われる。

（2）11歳から14歳の間に異文化社会に移行した場合は、新しい環境の文化文法に不協和を感じる。自文化の中で獲得した対人関係の文法は、異文化の文法を取り入れたからといって容易に消し得ない。

（3）14〜15歳以降に異文化圏に入った場合は、それまで暮らした母文化の影響を濃厚に受けており、異文化圏に移行しても、その文化文法にすぐに染まることはない。しかし、必要にせまられて、新しい文化的環境にみあうように、外見上は、行動形態が変わってくる。行動面ではいわゆるバイカルチュラルな人間になっていく。

（4）異文化の言葉を習得するのに、3年から4年かかること、言葉と文化が密接な関係にあることなどの理由により、対人関係領域の文化文法に包絡しきるには、同一文化環境に約6年居住しつづける必要がある。対人領域の意味空間が体得される最も重要な時期は、9歳から15歳までの6年間と思われる。

（箕浦康子『子供の異文化体験　増補改訂版』新思索社、pp.253〜254）

✏ voice……声

外国人児童の母親の声：お弁当は何を作ればいいの？

💬 私はブラジルから日本に来て 2 年目になります。娘は小学校に通っていますが、最初は小学校に持っていくお弁当に何を作ったらいいか、とても戸惑いました。日本のお弁当は赤、黄色、緑と、とても色のバランスを大切にするのですね。そんなことに気を付けながらお弁当の材料を考えて入れていくことはブラジルでは考えられないことでした。

ピアスはルール違反？

💬 私はブラジルから来て 4 カ月目です。ある日、娘が通っている保育園の先生から呼び出されました。先生は「保育園に来るときは、娘さんにピアスをさせないでほしい」とおっしゃるのです。「どうして？」とショックを受けました。私の育った国では、ピアスをするということは、とても重要な意味を持ちます。私はそれを先生に説明しようとしたのですが、日本語があまりうまくできずに、相手に自分の国のことや気持ちを伝えることができず悔しく思いました。ピアスをするという普通のことが、日本で規則に反すると言われて、だめな子どもにされてしまうのはとても残念です。私の国の文化についても、もっと理解してもらいたいです。

頭ではわかっているけど

💬 私は中国で育ち、1年前に日本に来た中国人で中学校に通っています。あるとき、近所の人が荷物を重そうに持っていたので運ぶのを手伝ったら、「すみませんね」と言われました。「すみませんは日本ではありがとうの代わりに使うことがあるのよ」と前に日本語の先生に言われたことを思い出しました。頭ではそのことがわかっているのですが、実際そういわれても私の気持ちは「すみませんは感謝の気持ちを表している」と受け入れることができませんでした。自分でも「すみません」を「ありがとう」の代わりに言うことはできないです。頭ではわかっているのですが、その通りにすることができないのです。（外国籍児童生徒）

🔍 case……事例

> **ケース1** 復帰ショック（リエントリーショック）に悩むKさんのケース

　復帰ショック（近藤1981）とは、外国で生活をし、外国生活に適応していた人が帰国したときに体験するカルチャーショックです。外国に出掛けるときは、全く異なる場所に出掛けるという意識が働きますが、帰国するときは大抵「元の所に戻る」とあまり深く考えずに戻ってきてしまいがちです。しかし、実際は外国で生活をする間に自分自身の内部が変化し、また元の場所でもさまざまな状況が変わっているということに気がつかないまま帰ってしまうことのほうが多いのではないかと思います。

　例えば、Kさんは大学時代に1年間交換留学で米国に留学していましたが、帰国後、日本の大学の教室での参加の仕方、コミュニケーションの方法、価値観など、さまざまなことに戸惑いを感じ、どのように生活していくのか悩んでいました。カルチャーショックが例えば食生活など物質的な面が多いのに対し、復帰ショックは、心理的な面が多いのかもしれません。自分自身の変化を客観的に見る機会が持てたとき、復帰ショック自体を自分自身の一つの体験として受け入れることができる一つのきっかけになるのではないかと思います。

🖊 Let's practice······実践してみよう

1 「ブラジルの割り算をしてみよう」

目的：ブラジルの割り算を通して異文化接触を体験する。
方法：次の式を使って割り算をしてみましょう。

100 割る 3 　　　　　100 ┃ 3

> ❗ 計算の仕方は万国共通と思いがちですが、実はこのように計算式での解き
> 方が違います（正解は p. 59 に記されています）。一見日本のやり方と全然
> 違うように思いますが……しかし、よくよく見てみると、プロセスだけが
> 違っていて出てきた答えは同じなのです。「異質なもの」に出合ったとき、「全
> く違うもの」と違和感を感じがちですが、実は角度を変えて見てみるとそ
> う大して違わない場合もあるのです。

2 「自分の異文化接触の状態について振り返ってみよう」

目的：自分自身の異文化接触のプロセスを振り返る。
方法：下のようなシートを書き、異文化接触の状態を自分なりに振り返って
　　　　みましょう。表では「来日してから」と書いてありますが、例えば、「大
　　　　学生活」などの新しい生活を「異文化」ととらえて振り返ってみても
　　　　よいでしょう。

来日してから	思い出す出来事	どんな気持ちだったか	日本や日本人へのイメージ
1 週間			
1 カ月			
半年			
1 年			
1 年半			

ここでは、シートに記入したある学生の記入例を見てみましょう。

「日本に来てからこれまでのあなた自身を振り返ってください」

来日してから	思い出す出来事	どんな気持ちだったか	日本や日本人へのイメージ
1 週間	寒い。	ワクワクしている。	親切。
1 カ月	日本語が通じないで困る。	日本人の先生と接するのが新鮮。	冷たいといわれていても心の温かさがある。
半年	アルバイトを始める。	日本語は難しい。	社員に対する厳しさを感じる。
1 年	文化の理解が浅い。迷っていたことが多い。	豊かさとむなしさの中で、どうしたらいいのかわからない。	心の豊かさがあふれている一方、行動はばかばかしく感じる。
1 年半	大学入学。	もっともっと頑張ろう。	やり方がだんだんわかるようになる。

! この実践は、思い出す出来事（事実）、気持ち（感情）、そのときの日本や日本人へのイメージを順に書くことによって、当時の自分の心境を振り返るということをねらいとしています。

　自分自身の行動、感情、イメージが時間の経過と共にどのように変化していったかを振り返ることによって、自分自身の状態を客観的に意識しながらとらえていくという学び方も一つの方法ではないかと思います。

❸ 「日本に初めて来た外国籍児童生徒が戸惑う場面を考えてみよう」

目的：日本に来た外国籍児童生徒が戸惑う日本の「学校文化」について考える。

方法：日本に初めて来た外国籍児童生徒が戸惑う日本の小学校の「学校文化」はありますか。学校の生活の中で戸惑うかもしれないルールにはどんなものがあるでしょうか。暗黙の了解のような「見えない」ルールはあるでしょうか。初めて経験する生徒はどのように感じるでしょうか。

❹「認知的には受け入れられるが行動、感情面では受け入れられないことは？」

目的：地域に住む外国人の立場に立って認知、行動、感情面について考える。

方法：3カ月前に日本に来てあなたの地域の住民となった外国人Aさんがいたとします。Aさんがあなたの地域に住んでいて、「頭では理解できるが、行動面や感情面では受け入れられない」と考える、地域のルールはあるでしょうか。見えるルール、見えないルールも含めて考えてみましょう。

❗ 地域に住むには、ルール化されているものもありますが、ルール化していない慣習のような「見えないルール」もあります。これらの例も含めて考えてみましょう。

「実践してみよう１」の正解

$$100 \div 3 \qquad 100 \,\lfloor\, 3$$

$$\text{答え} \quad 100 \,\lfloor\, 3 \atop 33$$

$$\begin{array}{r} 9 \\ \hline 10 \\ 9 \\ \hline 1 \end{array}$$

（日本式）　$3\,\overline{\smash{)}\,100}$

$$\begin{array}{r} 33 \\ 3\,\overline{\smash{)}\,100} \\ 9 \\ \hline 10 \\ 9 \\ \hline 1 \end{array}$$

　ブラジルの割り算の正解はこのようになります。ブラジル式の割り算と、日本式の割り算をちょっと見比べてください。正解は同じですが、正解に至るまでのプロセスや書く場所が異なります。このプロセスを見ると一見「全然異質のものだ」と思いがちですが、よくよく見ると、書く場所だけが違っていて、計算のやり方や進め方や同じなのです。私たちは、一見異質なものに出合ったとき、「全然違っている」と思いがちですが、よくよく見てみるとそう大して変わらない、共通のものも見えてくることがあるのです。

第3章

イメージとステレオタイプ・偏見

● プロローグ

　私たちは知らず知らずのうちに色眼鏡を通して人を見てしまうことがあります。「あなたはA型だから几帳面でまじめなのね」「B型の人は明るくて行動的」。よく日常的な会話の中に出てくる血液型の話です。こんなことを話題にしながら、次第に相手そのものを知る前に相手の性格を決めつけてしまっていることはないでしょうか。そして、相手の行動を、ステレオタイプという色眼鏡で見てしまっていることはないでしょうか。「人の話をきちっとメモにまとめているのね。さすがA型で几帳面ね」などのように。実はほかの部分が見過ごされてしまっているのかもしれません。

　ここではステレオタイプや偏見について考えてみましょう。

● キーワード

イメージ　ステレオタイプ　偏見

1 ステレオタイプとは

「フランス人は……」「イタリア人は……」と聞くと、あなたはどんなイメージを持つでしょうか。ちょっと思い浮かべてください。おそらく、フランス人はおしゃれ、イタリア人は陽気、などのイメージを自分の中に持っていることはなかったでしょうか。では、なぜ私たちはこんなイメージを持つのでしょう。

私たちは、例えばテレビを見たり雑誌を読んだり、人と話をしたりして、多くの情報を取り入れます。それらをいくつかのカテゴリーに分けようとします。**ステレオタイプ**とは、私たちが生きていく過程で、必要な情報をカテゴリーに分けていくときの型のことです。この概念は、1922 年にリップマン（Walter Lipmann）によって紹介されたものです。皆さんは日本人のステレオタイプと言われたらどんなことを思い浮かべるでしょうか。また、なぜそのようにとらえるようになったのでしょうか。テレビの影響？　どのようにステレオタイプがつくられたのか、その色眼鏡にとらわれて見ているのではないか、自分を振り返ってみることは大切でしょう。

2 ステレオタイプを崩していく

ある集団に対してステレオタイプを持っていたのが、そこで暮らすにつれ、だんだん変わっていくことがあります。筆者は大学生のときに 1 年間米国で留学生活を送りましたが、米国生活を始める前の筆者の中の米国人のイメージは、「陽気」「明るい」「派手」「大胆で、細やかな気配りはしない」「よく騒ぐ」といったものでした。こうしたイメージは、それまで見た米国映画やドラマ、本、雑誌などに影響されたものだったと思います。留学生活を始めたばかりのとき、それらの「つくられたイメージ」を通して周りの人たちを見ていたような気がします。ちょうど、サングラスを通して周囲の世界に触れるようにです。そして、周囲の人たちのそのような側面が目につきがちだったと思います。パーティーでみんなと騒いでいるときや、授業で活発に討論

が行われているとき、にこやかにあいさつを交わすときなど、米国人の社交的なところや話すのが好きなところ、陽気なところが目について「やっぱり描いていた米国人のイメージと同じだった」と感じることもしばしばでした。また、最初は自分自身も陽気に、明るく振る舞うことが快適に留学生活を送ることであると思いこんでいました。つまり「同化」することが適応することであるという思い込みをしていたのです。しかし、生活するに従い、さまざまな人たちに出会い、その考えが変化していきました。静かな所を好む人、神経質な人、細やかな気配りをする人など……。こうしたさまざまな人たちとの出会いが、自分の中でこれまで持っていたステレオタイプ的な米国人のイメージを崩していくようになりました。それと同時に、自分自身とはいったい何だろうと考えるようになりました。やがてそれは、米国にいようと日本にいようと、自分はやはり自分なのだと受け入れる気持ちへと変化していきました。サングラスを捨てて、自分自身の目で周囲を見るようになったのです。それと同時に自分の中にあった殻が破れ、それまでのようなイメージを通してではなく、自分自身の目で自由に周囲の世界をありのまま見、人と付き合っていこうというように変化していきました。そう考えるようになってから、自分にも無理せず、自然体でとても楽な気持ちで周囲の人たちと付き合っていくようになったと思います。

　日本で学ぶ留学生も、教師も、最初はお互いに相手をステレオタイプでとらえ、それに縛られてしまう傾向にあるのではないでしょうか。「この学生は○○という国から来たからこんな性格ではないか」「自分は日本にいるからこんなふうに振る舞わなければいけないのではないだろうか」など。筆者が担当していた多文化クラスを例にとると、留学生と日本人が、お互いに知り合って、最初は相手を国の代表というイメージでとらえている傾向が見られました。例えば、司会役の日本人学生が「では、マレーシアの人。マレーシアではどうですか」という質問の仕方をします。すると、マレーシアの学生は「自分があたかもマレーシアの代表で何か言うことを期待され、マレーシアのステレオタイプ的な意見を言わなければならない」とプレッシャーに感じ、それがとてもストレスになってしまったと言います。「本当は個人として意見を言いたいのにできない」からだそうです。しかし、時間が経過す

るにつれ次第に、学生がお互いに質問するときに個人の名前で呼び合うようになり、「ステレオタイプにとらわれず、個人として意見を言う」という雰囲気に変化していきました。教師が「ステレオタイプを持つことはいけない」と学生に一方的に知識として教えようとするよりも、このように実際の接触の経験を通して、学習者自らが自分自身の持つステレオタイプの存在に気づき、それを崩していくプロセスが重要ではないでしょうか。なぜなら、そのプロセスを学習者自身が、認知的なレベルではなく、行動、感情というレベルで理解することができるからです。教師の役割としては、**ファシリテーター**（側面からの援助者）として学生がステレオタイプの存在に自ら気づき、それを乗り越えていけるよう、皆の意見を共有する機会を持たせたり、お互いに感じたことを言い合える雰囲気をつくったりすることが大切なのです。

　ステレオタイプを持っていること自体はごく自然なことなのかもしれません。しかし、自分自身がステレオタイプを持っている人間であるということに気づかせるのも教育の一つの役割ではないでしょうか。そして、ステレオタイプを通してではなく、自分自身の目で周囲の人たち、周囲の事象を見ていく姿勢を養うよう、導いていくことが重要だと思います。

❸ 偏見とどう向き合うのか

　偏見とは、「ある集団に属している人が、その集団に属しているまたはその集団の望ましくない性質を持っていると思われるという理由のみで、その人に向けられる嫌悪、敵意ある態度」（Allport 1954）のことです。ステレオタイプと異なり、負の（マイナスの）感情を伴った態度といえるでしょう。

　米国に滞在していたとき、あるアフリカ系アメリカ人の学生から、このような話を聞いたことがあります。

　「夜遅く一人で歩いていて、向こうから一人で歩いてくる人とすれ違うとき、自分自身とても緊張する。自分が何か犯罪を犯すかもしれないと相手に誤解されるのが怖いので、思いっきりにこにこしながら通りすぎるようにしている。この気持ちがどのようなものかわかりますか？」

　アフリカ系アメリカ人という集団に所属しているだけで、その集団に向けられる嫌悪や敵意ある態度、つまり偏見を持たれてしまうため、それを防御するために無理やり笑顔をつくっているというのです。その学生は、相手から偏見を持たれないよう、笑顔というストラテジーで切り抜けようとしていたのです。

　この言葉は、同じ経験をしたことのない筆者にとってはショッキングでした。そして、その学生の話す内容に共感しながら聞こうとしました。しかし、その学生と同じ集団に所属したことがない筆者にとって相手の気持ちを100パーセント理解するのは難しいことを感じました。偏見という目に見えない感情が自分に向けられていることでどのような辛い思いをしているのか、その気持ちを完全に理解できたという自信がなかったのです。「相手に共感する」と口にすることは簡単でも、実際に実行するのはそれほど簡単なことではないと思いました。それでも、少しでも理解しようとするプロセスが大切なのではないかと思います。

　現在、日本でも多くの外国人が住んでいますが、日常の社会生活においていくつかの偏見が見られます。例えば、外国籍住民からよく聞く声に、「住居探しの難しさ」が挙げられます。「外国人お断り」という物件があるため、住居探しがなかなかうまくいかなかった、という声を耳にします。これは「外国人」に対する偏見があるためと言えます。

　では、偏見を減らすにはどのような方法があるのでしょうか。偏見を逓減するためには、いくつかの偏見逓減モデルが提言されています。まずブリューワーとミラー（Brewer & Miller 1984）が提言した「**脱カテゴリー化モデル**」が挙げられます。これは偏見やステレオタイプを減らすために、社会的カテゴリーを離れた「個人」と「個人」として、外集団の人と接触することが重要とする考えです。例えば、「○○国からきたAさん」「△△という職業のAさん」というとらえ方ではなく、「Aさん」個人としてとらえ、かかわっていくということが挙げられます。国や職業といったカテゴリーに縛られず、ひとりの個人として付き合っていくことが可能になるでしょう。

　また、ガートナーら（Gaertner, Dovidio, Anastasio, Bachman & Rust 1993）の提言した「**再カテゴリー化モデル**」が挙げられます。これは「内

集団」と「外集団」を、より大きなカテゴリー（わたしたち）として意識していくという考えです。例えば、あるX地域で、A、Bというグループが運営の仕方で互いに対立していたとしましょう。しかし、A、BのグループのどちらもX地域の状況をよりよくしようとしている、という面では同じなのです。AとBが「わたしたち／かれら」という関係ではなく、「X地域のわたしたち」という、より大きなカテゴリーでとらえ直すことができれば、対立していたと思っていた問題はそれほど大きな問題ではなくなるかもしれません。また、本節の「住居探し」の例にあてはめると、外国人住民を「外国人」というカテゴリーでとらえるのではなく「同じ地域の住民」として再カテゴリー化していけばこのような問題は解決に結び付くのではないでしょうか。もちろん脱カテゴリー化や再カテゴリー化によって必ずしも偏見を完全に減らすことができるというわけではないと思いますが、少しでも減らしていこうとすることが大切なのではないでしょうか。

　また、「もしかしたら無意識に偏見を自分も持っているかもしれない」と意識化してみることも大切かもしれません。筆者には、留学時代全盲のチューターJさんがいました。あるとき、なかなか理解できない歴史の授業のノートを持って彼女の部屋に教えてもらいに行ったときのこと。Jさんはコーヒーを淹れながら筆者のとったノートの内容を聞いて「あなたがあの授業を理解できないのも無理ないわ。（歴史の担当の）A先生はちょっと字が汚いのよ」と言って、A先生の字の癖まで教えてくれたのでした。彼女は筆者よりずっと鋭い「目」を持っていたことに驚きました。しかし、その驚きは、筆者自身が「全盲の人は、黒板に書かれた文字の癖を読み取ることはできないだろう」という偏見を無意識に持っていたためだったのです。自分自身の中にある偏見に気づいた瞬間でした。

　偏見を減らしていくことは多文化共生社会の実現のためには重要なテーマの一つと言えます。偏見はいったん持ってしまうとなかなか捨てにくいものかもしれません。しかし、「偏見をもってはだめだ」と一方的に決めつけてしまう前に、「無意識に自分の中にも偏見があるかもしれない」ということを心のどこかに置きつつ、少しずつでも偏見を減らしていこうとする態度が大切ではないでしょうか。多文化共生社会の実現のためには、マジョリティ

側の意識の変革も重要な課題の一つであると思います。

📖 column……コラム

▶ ステレオタイプと理論

コラム 1　ステレオタイプ・偏見・差別

ステレオタイプと偏見、差別はどのように違うのでしょうか。

ステレオタイプ：ある集団に対して持っている、カテゴリー化したイメージ

偏見：ステレオタイプに否定的な感情を伴ったもの（ただし、必ずしも否定的なものではないという主張もあります）

差別：偏見がさらに行動に結び付いたもの

コラム 2　内集団と外集団

　私たちは、さまざまな集団に所属していますが、自分自身の友達や家族など、自分が所属している集団を内集団（in group）と呼び、そうでない集団を外集団（out group）と呼びます。例えば、よいことがあった場合、内集団の人はその人に原因があるのではないかと考える傾向があり、外集団の場合は周囲の状況に原因があると考える傾向があるとされています。反対に悪いことがあった場合には、その逆にとらえてしまいがちとされています（Trenholm & Jensen 1996）。例えば、「S さんが就職試験に合格した」という情報が入ったとしましょう。内集団の場合（例えば家族など）は「S さんは性格が明るいし、実力があったから」と思う傾向があり、外集団の場合（例えば間接的な知り合いなど）の場合「その会社は新卒をたくさん採るのだろう」とか「ほかにいい人がいなかったのだろう」などと考える傾向があるということになります。同じものごとでも自分自身とのかかわりの違いでとらえ方が違ってくる場合があるということに気づいておく必要があるのではないでしょうか。

出会いの素晴らしさ ―イメージを壊してまた創る

💬ある文化に触れたり言語を学んだりすると、自分の中にある程度そのイメージが出来上がってくる。そしてそれを自分の中に受け入れようとする。しかし、人との出会いはそのイメージを根本から覆すこともある。これが出会いの素晴らしさだと思う。そこで得たイメージをまた受け入れていく。このように異文化に対する理解は進んでいくのだと思う。これからは恐れることなく、さまざまな文化に触れ、言語を学び、人に出会い、広い視野でモノを見られるようになりたいと思っている。（日本）

🔍 **case**······事例

ケース1 米国人のイメージ変化：日本人留学生へのアンケートから

　筆者は、米国に短期留学で1カ月滞在した日本人学生に、滞在して3日目と、帰国前（20日後）に次のようなアンケートをとってみました（対象は17人）。その結果が下の図4です。

1. あなたにとって米国人はどんなイメージがありますか。思いつくままに5つ挙げてください。

2. 今のあなたにとって米国人はどんなイメージがありますか。思いつくままに5つ挙げてください。

前
近寄りがたい　プライドが高い
親切　強気　陽気　フレンドリー
活発　背が高い　自由　素直
明るい　オープン　ストレート
他人　自立　犯罪　怖い　ユーモア
おおざっぱ　愛国心　銃

➡

後
元気いい　主張　日々楽しむ　親切
明るい　まじめ　陽気　愛国心
積極的　優しい　活発　おおらか
多種多様　同じ　正直　自由
マイペース　自分を持つ　面白い
勤勉　排他的ではない　リラックス

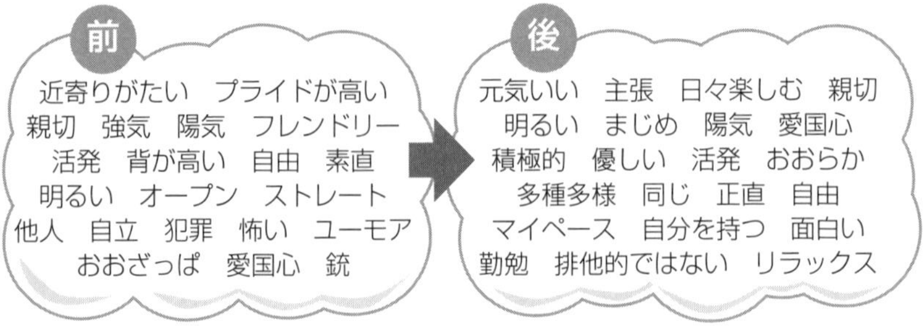

図4　米国人に対するイメージの変化例

　これらの結果を見てみると、いくつかの変化がわかります。まず、最初のアンケートに見られた「怖い」「犯罪」「近寄りがたい」「プライドが高い」などのマイナスイメージは、後のアンケートでは全く挙げられませんでした。その代わり、後のアンケートでは「勤勉」「まじめ」「優しい」「排他的ではない」などプラスイメージばかりが見られました。また、親しみやすいイメージへの変化が見られました。

　短期間でしたが、このアンケートから、実際に米国で生活し、人と出会い、話をするという経験をすることで、次第に相手との壁がとれていったプロセスが窺われます。私たちは、見知らぬ場所で生活を始めると、最初は見知らぬ人やものに対しては「怖い」といった否定的な印象を抱きがちです。しかし、相手と知り合うことによって相手を個人として見ることができ、親しみを感じるように変化していく場合が多いのではないでしょうか。

ケース２　多文化教育の授業の学生のふりかえりから

　筆者の担当している教育学部の「多文化教育方法論」の授業の一部では、アイヌ、在日韓国・朝鮮人等のテーマを扱っています。歴史的背景やドキュメンタリー番組などを通して教えています。以下では授業後の学生たちのふりかえりを見てみたいと思います。差別や偏見も含め、さまざまな気づきが見られました。

- 外国人を差別する背景には、「無知」があると思う。実際に知識として教えていくことでこれからの世代で差別がなくなっていくのではないだろうか。
- 私自身は、幼いころから在日韓国・朝鮮人の比較的多い環境で育った。保育園や小中学校の友達については日本人の友達と同じように仲良く過ごしていた。しかし「在日韓国・朝鮮人」と一般化したイメージはあまりよい印象をもっていなかったのも事実だ。例えばマナーが悪い人がいたら在日韓国・朝鮮人の全体のイメージとして無意識に蓄積されてきてしまったのが理由かもしれないと思った。そういうカテゴライズしているのは自分の問題だと感じた。
- 「名前」は一生自分を表現するものの一つであるため、どんな名前でいる

か、そこには個人の誇りと社会の変化が密接にかかわっていると思った。日本社会がどんな境遇の人々にとっても生きやすい環境になっていく必要があると思う。

・当事者だけが変化するのではなく周りの日本人が変わっていくことが大切だと思った。

・在日韓国・朝鮮人の少ない土地に行けばより特別な目で見られてしまう可能性が高いし、子どもにとって姓を日本人っぽい感じにすることはできるのになあと思ったが、この視点こそが私の偏見であることに気づいた。日本での住みやすさだけを重視するのではなくその人のアイデンティティを大切にし合える社会がつくられていけばいいなあと感じた。

・同じ人間として国籍・人種にかかわらず、能力、意欲、実力で認められ生きていける社会になってほしい。

✏ Let's practice……**実践してみよう**

❶「日本人のイメージはどんなふうに変わった？」

目的：自分自身の中にある日本のイメージがどのように変わったのか振り返り、学生同士お互いのイメージ変化を共有する。

日本人に対するイメージは、自分の中でどのように変わったのでしょう。また、どんな経験が影響を及ぼしているのでしょう。

方法：次のことについて振り返ってみましょう。ここでは、答えを書きながら振り返っていくプロセスを重視しています。

①次の1〜3のアンケートに回答し、その後、全員で発表、ディスカッションをする。

  1. 日本人について、その特徴、印象など、思ったことを書いてください。

  2. 1のような印象はどんな経験から形成されたと思いますか（例：母国のテレビ、友人の話）。

  3.「日本人は〜である」と思っていたことが、実際に日本に来て変わっ

　　たことはありますか。それはどんなことですか。どんなときでしたか。
　②これらの授業を通して、日本のイメージ変化について振り返り、レポー
　　トを書く。

解答例：留学生のレポート　「日本人のイメージはどんなふうに変わった？」

1. 日本人について、その特徴、印象など、思ったことを書いてください。
- 日本に来る前よりよくなったイメージ：
　礼儀正しい／あいさつをする／心が細やか／優しい
- 日本に来て悪くなったイメージ：
　オープンすぎる／曖昧／酒好き／みんな漫画を読んでいる／働きすぎ
2. 1のような印象はどんな経験から形成されたものだと思いますか。
- 母国での経験：
　母国のテレビ・映画／母国の親戚・日本人の知り合い・友人から聞いた
　話／新聞・雑誌・本で読んだこと／日本の雑誌・漫画
- 日本での経験：
　道に迷ったときに教えてもらった経験から／友人から聞いた話／アルバ
　イトで一緒の人／テレビドラマなど
3. 「日本人は〜である」と思っていたことが、実際に日本に来て変わった
　ことはありますか。それはどんなことですか。どんなときでしたか。
- いつも優しそうな笑顔を送るが、そうではないと思ったことがあった。夏
　休み泊まった場所で、応対したフロントの人が人によって態度を変えるの
　を見て驚いた。
- 日本人は本音とか建前があると聞いていたけれど、私は感じていない。今
　思うと、最初から国という壁を感じていたのは私のほうで、なかなか言い
　たいことも相手に言えなかった。学校で友人ができていろいろ話し合うこ
　とができるようになって、それは間違っていたと思った。

　❗ 自分自身を振り返ることでイメージ形成の過程を意識化することができま
　　す。またその過程は個々によって異なります。それぞれの過程を共有する
　　時間を設けてもよいでしょう。

❷ 「映画・ドラマに見る『日本人らしさ』」

目的：映像を通じてイメージ形成がなされる過程を振り返る。

　ドラマや映画を見て、「日本人らしいなあ」と思った部分はありますか。なぜそのように思うのでしょうか。ほかの人も同じように感じているのでしょうか。自分の中にある「日本人のイメージ」を通してそのビデオを見ているということはありませんか。

方法：ドラマや映画を見て、自分自身の中にどのようにして「日本人のイメージ」がつくられていったか振り返ってみましょう。

①ドラマ、映画などを見て「日本人らしい」と思った部分を書き出す。

②その後、なぜその部分に「日本人らしい」と感じたのかについて話し合う。

> **!** 「日本人らしい」イメージはあくまで「自分の中でつくり出されるもの」であり、もともとある「固定的なもの」ではありません。どんな行動がなぜ「日本人らしい」というイメージをあなたの中でつくり出しているのか意識しながらやってみましょう。

❸ 「『私の日本人論』を書いてみよう —ステレオタイプを超えて」

目的：自分自身の目で見、考える「自分の」日本人論を構築する。

方法：これまで書かれた日本人論に挙げられたステレオタイプにとらわれずに、自分の考える日本人論を書いてみましょう。

解答例：学生のレポートから

• 「ステレオタイプを乗り越える」

　「日本人を見て感じたことなど話してください」と言われると、留学生をはじめ数多くの外国人はこう言う。「日本人はいつも忙しく、仕事などに追われてせかせかしている」「きれいでちゃんとした言葉があるのに、乱暴な言葉遣いをしている」

　外国人たちに見えるこういった日本のありようは、果たして日本という国

だけのことなのか、言い換えれば日本という国に対して前もって持っていた各々の考え方に無理やり当てはめようとしているのではないかと思われるのである。われわれ人間が住んでいるところならばどこにでもあり得ることについて、日本と日本人といった特殊な概念（例えば、日本人だからそうである、あるいは日本人だけがそうであるといった思い込み）を用いて、しかも物事の普遍性を見落として目に見えてくる情報だけに頼り、日本人を判断するのはあまりいい方法ではない。強く言えば、危うい考え方である。今まで使っていたやり方を捨て、思い切って発想の転換を実行する姿勢が必要とされる。（韓国）

● 「日本人といえば：海外での体験から」
　私は数年間海外で生活したことがある。スイスにいたとき、高校のある授業で先生がこんな質問を学生にしたことを覚えている。
　「日本人といえば？」
　これに対してほかの国の生徒たちがどう答えるだろうと思っていたら「日本人は金持ち、シャイ、おとなしい」などの典型的な答えが返ってきた。日本のよいところといえば、日本食がおいしい、漢字がかっこいい、そのほかゲームや漫画の話題くらいである。私は日本人がこの程度にしか思われていなかったと思うとむなしさを覚えた。海外にいるということは自分の国の看板を背負っているようなものだ。だがその反面、なぜ日本人としてではなく個人として見てくれないのかと腹立たしく思ったこともある。いつも「ジャパニーズは……」と、国ごと見られていたのである。（日本人学生）

> ！ ここで大切にしたいのは、「私の考える」日本人論を書くことです。自分自身の目で見、体験し、感じたことから生み出される「日本人論」を書いてみましょう。

第4章

人と出会うということ

● プロローグ

　「日本人と親しくなるのは難しいです。親しくなった
かな、と思ったらまだ壁があって、それを乗り越えたつ
もりでもまた壁があって、何度も何度もハードルを越え
ているみたいです。友達になるまでの期間が本当に長い
なあと思います」。こんな声を留学生から聞いたことが
あります。相手と親しくなるというのはどういうことで
しょうか。また、親切という意味はどういうことでしょ
う。親切だと思ってやったことがかえって相手にとって
迷惑だった、という経験はないでしょうか。

　ここでは「人と親しくなること」について考えてみま
しょう。

● キーワード

親しさ　交流　統合的関係調整能力

1 出会いは人生のドラマ

　私たちは、人とのかかわりなしには生きていけません。「人」と「ヒト」の違いは、「ヒト」が生物的な存在という意味で使われているのに対して、「人」は、その文字の形が示すようにお互いに頼り合い、かかわり合って生きている社会的な存在であるというところにあると言えるでしょう。

　私たちは、日常生活の中で多くの人との出会いを経験します。ちょっと目をつぶって想像してみてください。

　皆さんが今付き合っている友人たちとは、どのようなことがきっかけで出会ったのでしょうか。また、どのようなことがきっかけで親しさを増したのでしょうか。教室で隣り合わせに座ったこと？　何かを尋ねたこと？　相談したこと？　ある留学生は、ボランティアをしていたときに苗字ではなく名前で呼び合うようになりそれがきっかけで相手の日本人と親しくなったと言います。筆者は大学生のときに、教室からばったり出てきてぶつかりそうになった米国人の学生に急に日本語を教えてと言われ、日本語を教えました。今にして思えば彼女との出会いは偶然でもあり必然でもあるような気がしています。人生とは、偶然と必然の織りなす不思議なドラマではないかと思います。

　では、出会いはどのように変化していくのでしょうか。ナップ（Knapp 1978）は次のように出会いのステップを分けています。

　　　①きっかけをつくる。②試す。③強化する。④統合する。⑤結合する。

　例えば、①では相手との関係のきっかけをつくるために相手に話しかけたりします。②は相手がどこまで自分を受け入れてくれるのか、話を聞いてくれるのかなど相手との関係や距離の取り方をいろいろ試す段階です。この時期はまだ相手との信頼関係は完全なものではなく相手と強固な関係が築かれる段階です。

　もちろん、これは一つの例であり、このようなステップは一直線に進むのではなくて、実際はそれぞれの間を何度も行ったり来たりして、もっと複雑なものであるといっていいでしょう。

2 留学生と日本人の交流 —親しくなれない原因は

　日本にやって来る留学生の中には、日本人学生となかなか親しくなれないと悩んでいる学生がいるようです。確かに留学生と接していると、よく「日本人はなかなか自分を出してくれない」「日本人とは話題が合わないから親しくなれない」という声を耳にします。では、なぜこのように感じるのでしょうか。

　一つには、自己開示の大きさの違いも多少なりとも影響しているように思います。自己開示が小さいのを「自分を出してくれない」「冷たい」と感じる学生もいるのではないでしょうか。また、学習者から「日本人は親しくなるスピードが遅いように思う」という声も耳にします。ある南米からの技術研修生と話をしていたとき、彼は黒板に二重丸を書き、「日本人と付き合うとき、外側の丸のところには簡単に入っていける。だけど、この内側のコアのところにはどうしても入ることができない」と言っていたことがありました。つまりいったんは親しく受け入れてくれているように感じているが、それ以上は中に入り込めないということなのです。また、「日本人と話題が違う」というのも親しくなれない原因だと思っている学習者もいるようです。例えば、政治や社会の話題で話したいと思っている場合、相手が食べ物やテレビの番組などの話題を好んでいる場合には、なかなか話したい共通の話題が見つからずストレスがたまってしまうと言えるでしょう。

　また、言葉の使い方の違いが親しさの感じ方に影響している場合もあるように思います。例えば、ある留学生から「日本人と親しくなったら敬語を使わなくなるのが普通と思っていたが、そうではなかった」という話を聞いたことがあります。親しくなっても相手との関係は変わらないため敬語を使う日本人学生と、親しくなれば言葉遣いも変わり敬語を使わなくてもよいと思いこんだ留学生の間のギャップの例です。また、別の留学生は、日本人の友人が遊びに来たときに「お茶飲ませてくれない？」「トイレ貸してくれない？」という言い方をするのをよそよそしく感じたと言います。

　ここでは2点を挙げましたが、他にもいろいろな原因があると思います。

では、どのようにすれば留学生と日本人学生の交流が深まるでしょうか。一つには、こうした誤解がどのように起きてしまうのか、留学生と日本人学生の間で率直に意見を交換できる場があると、双方が自分自身のコミュニケーションについて気づくのではないでしょうか。筆者は、以前留学生、日本人学生、帰国生などさまざまな背景を持った学生たちによる「多文化クラス」を開講し、担当していました。授業では学生がさまざまなトピックを選び、グループで協働しながら準備をし、ディスカッションを行いました。学生たちが選んだトピックは「テレビの暴力シーンはどこまで許せるか」「写真掲載とプライバシー」「男女の友情は成立するのか」「人生の充実度」「国内の地域差」など、国の比較等というよりむしろ日常の中で若者が共通に関心を持っているテーマが扱われていました。学生からは「世間話ではつっこんだ話ができなかったり1対1の会話では討論するところまではできなかったが、クラスのディスカッションでできた」という感想がありました。このクラスを通じて留学生と日本人学生の双方の交流を促進させた要因として、メンバーが「協働しながら参加したこと」「対等な場で議論を行ったこと」が挙げられると思います。

また、留学生を「多面的にとらえる」ことの重要性も挙げられます。「留学生との交流」というと、ともすれば、「留学生＝異質な存在」としてとらえてしまう傾向が見られます。果たして留学生とは、国籍の違う「異質な」だけの存在なのでしょうか。井上（1997）は、留学生の存在について、「文化的異質性としてだけではなく、人生移行期としての存在、大学、地域のコミュニティとしての存在など多面的に理解することが大切」と述べています。最近は地域に在住する外国人も増加しています。留学生だけではなく、地域での在住外国人もこのように多面的にとらえていくことも交流を行う上で大切ではないでしょうか。例えば、在住外国人のＡさんという人を考えてみましょう。Ａさんは〇〇地域の一住民であり、母親であり、子育てをしており、日本語教室の学習者であり、料理が得意であり、歌を歌うことが好きだとします。Ａさんは「外国人」という存在だけではなく、「歌が好きな人」「料理

が得意な人」「日本語教室の学習者」「子育て中の母親」という複数の顔を持った多面的な存在なのです。こうしたさまざまな顔を活かして出会いを創り出していくことも可能なのではないでしょうか。

　交流を進めていくには、他にもいろいろな方法があるかと思います。皆さんもぜひアイデアを出し合いながら考えてみてください。

④　教室空間から日常的空間へ

　松本（1996）は、「交流行動は私的な空間では起きにくく、ロビーやラウンジなど、私的空間とつながりを持ちつつも、ある程度公的な要素が含まれた空間で起こる可能性が大きい」と述べています。交流会などを計画する際、ともすれば空間という要素は見過ごされがちだと思います。交流会の場所は、私的な空間でしょうか。公的な空間でしょうか。人の動きはどうなっているでしょうか。交流の生まれる空間とはどんな空間でしょうか。ある小学校で、

校庭の一隅が空いていたので、せっかくだからとそこに木を植え、「ふれあいの森」という名前を付けたのに、だれもそこで交流しなかった、ということを聞いたことがあります。これは交流が空間に影響されるということを示す例と言えるでしょう。交流会を行う場所を「空間」という観点からもう一度とらえ直してみると、問題点が見つかったり、さまざまな発見があったりするのではないでしょうか。

　また、筆者は多文化クラスを担当しているうち、多文化という状況を教室内ばかりではなく、日常的な空間に広げていくことも大切ではないかと考えるようになりました。教室というある意味ではふだんの日常生活とは異なった、限られた空間の中で意識的に設定した多文化クラスだけではなく、さらに教室外の日常生活の中で、無意識に「多文化」という状況を創り出すことが可能ではないかと考えるようになったのです。その一つの試みとして、4週間の集中プログラムで学部に来日した留学生に対し、日本人学生による「日本語パートナー」という制度を導入しました。日本での生活や日本語学習の支援を行うことがその主な役割ですが、異文化接触上生じる問題を解決する力や他者への共感を養うことも、このシステムの目的です。それまでは固まって行動していた留学生が、このシステムを導入してからは、キャンパスで日本人学生の話の輪に気軽に入ったり、放課後、連れ立って出掛けたりする様子がごく自然に見られるようになりました。その中でお互いにコミュニケーション摩擦や誤解も体験したようです。

　また、坪井（1999）は、留学生がホスト国の学生と交流する環境について、教室、大学キャンパス、宿舎、地域社会の4つを挙げています。教室だけではなく、大学キャンパスやサークル活動のような課外活動も交流の場と言えます。また、寮生活のような日常生活も自然な交流の場になります。さらに、地域社会そのものも交流の場となるのです。

　教室内だけではなく、ごく自然で日常的な無意識のレベルで交流を進めていくことも大切ではないでしょうか。

❺　統合的関係調整能力

　ここまで、「人と出会うこと」について述べてきました。ここまで読むと、「人と新しく出会うこと」イコールすべてよいことのように思えるかもしれません。しかし、必ずしもすべての人との出会いから関係を構築していくのがよい場合ばかりとは限らないでしょう。渡辺（2002）は、異文化接触において、「統合的関係調整能力」が重要であると述べています。これは、自分や相手の価値観や感情にとらわれずにひたすら「関係」のあり方を冷静に見定め、「関係」をうまく調整することによって課題を実現していく能力（渡辺 2002）のことです。この能力はこれからの多文化社会に生きていく私たちにとって重要な力だと言えるでしょう。

　筆者は、国内で、在住外国人の生活等の相談にのっているバイリンガルの外国人相談員に対して、相談のコミュニケーションに関するインタビュー調査を行ったことがあります（徳井 2016）。その中で、例えば「自分（相談員）の意見はたくさんの相談員の中の一人の意見というとらえ方を相談者にしてもらうことが大切」という語りが見られました。また、「相談者の性格にも個人差があり、社会状況も変化していくため、これらの状況に応じて関係を調整しながら相談の仕事をしている」という語りも見られました。また、「相談者とは時には一定の距離をとりながら相談にのっている」という語りも見られました。バイリンガルの外国人相談員の語りからは、自分と相手との関係を相対化することの大切さや、相談員自身が状況の変化や個々の相談者に応じて関係を調整することの大切さ、時には相手と一定の距離をおくことの大切さが見られたのです。相談場面だけではなく、私たちの日常の生活においても、単に相手と関係を深めるだけではなく、状況によっては相手との関係を調整したり、距離をおいたり、関係を相対化していくことも必要な場合があると言えるでしょう。

　最近は対面の出会いばかりではなく SNS 等で多くの人と情報を共有しつながることが可能になっています。例えば写真等を共有できる「インスタグラム」は、確かに画像の情報を一瞬にして遠方の人たちとも共有できる便利さを備えていると言えます。しかし、その出会いは双方向ではなく発信して

いる側の一方的な出会いとなっている可能性もあります。これとは別に、リアルな実際の生活が充実しているという「リア充」という言葉も聞かれます。

　このようにさまざまな手段で人とつながることが可能になっている現在、自分や他の人たちがどのように関係を構築しているのか、冷静に観察し、関係を調整しながら課題を実現していく「統合的関係調整能力」（渡辺2002）が必要となってきているのではないかと思います。

📖 column……コラム

▶ 人とのかかわりについての調査から

コラム1 留学生と日本人の親密性に関するこれまでの調査から

　岩男他（1998）は、留学生の場合、来日して数年たつと日本のイメージがだんだん悪くなってくるケースが多いということを挙げています。また栖原（1996）が463人の留学生に調査したところ、90パーセント近くの留学生が日本人の友人が欲しいと思っているにもかかわらず、回答者の3人に1人が、親しい日本人の学生は一人もいないと思っていることがわかったそうです。留学生から見ると、日本人学生が友達になりにくいと感じている理由として、「話題が違いすぎて話が合わない」「日本人は留学生に関心がない」「忙しいから時間がない」ことが挙げられているとしています。また横田（1991）は、留学生と日本人学生が親しくなれない原因として、調査の結果、留学生側が「日本人学生は閉鎖的である」「日本人学生の話題が表面的」という項目を挙げていることを示しています。坪井（1994）は、調査の結果、留学生が日本で困ることとして「日本人の間接的表現やはっきりしない態度」「外国人に対する日本人の偏見、差別的態度」を挙げています。

コラム2 居場所としての地域の日本語教室

　CINGAチームは、地域における日本語教室について、実態調査から地域日本語教室の機能について、「居場所」「交流」「地域参加」「国際理解」「日本語学習」があることがわかり、その中で「居場所」がもっとも基本的な機能だと

しています。地域日本語教室に参加する学習者も支援者も「自分はここに居て
いいのだ」「周りの人は自分を受け入れてくれる」「（日本語ができなくても）
ありのままの自分でいられる」と感じられれば教室に参加することが楽しくな
り、継続的に参加することによって人間関係が育まれ、居場所感がさらに高ま
ると考えられるとしています。そして、全国の地域日本語教室への調査の結果、
居場所を「単に受け入れられる場所」ではなく、「同じ地域に暮らす人間とし
て互いに自己表現ができ、社会を目指す活動が行われる場所」としています。
そして、地域日本語教室における居場所の成立要因として、「役割」「被受容」「交
流」「配慮」「社会参加」の５つの要因が必要であるとしました。同様に、日常
生活では「役割・被受容」「交流」「配慮」「社会参加」の４つの要因が必要で
あるとしています。（参考：CINGA 地域日本語実践研究会編（2018）『多文化共生
の地域日本語教室をめざして』松柏社、pp.24 ～ 25）

コラム3　動的な「ネットワーキング」

　野山（2003）は、「ネットワーキング」について、「地域における、何らか
の機関・団体、関連領域の人たちが、（ある共通意識のもと）（偶然にせよ必然
にせよ）有機的につながって（機能している）状態」と定義しています。そし
てネットワーキングという言葉について「そのつながりがより動的に機能して
いるイメージ」（野山 2003）としています。また、杉澤（2003）は、「ベクト
ル（活動の方向性）を同じくする人たちが問題や課題を共有できる「場」の設
定と議論の「プロセス」がネットワーキングを深める」としています。

✎ voice ……声

日本人の友達をつくる難しさ

🗨 この１年、大学の国際交流会館に住んで、何人かの留学生と知り合い、交
　流活動を通じて日本人の友達もできた。確かに日本人の友達に親切にいろ
　いろ教えてもらったが、互いに親しくなれないような気がした。１年たっ
　て気がつくと、電話で話せる日本人の友人が一人もいなかったのだ。なぜ

かと考えたがわからなかった。簡単に日本人の友人をつくれるわけがない
と思っていたが、相手が遠慮するから、自分も遠慮しなければならない、
さらに相手に迷惑をかけないように、わからないことがあっても聞かない
ほうがいいということについて、なぜか知りたい。（中国）

留学生と友達になった

💬 私自身は、以前は異文化に触れることや異文化を知ることに意欲はあった
のですが、積極的に留学生たちと交流しようという気はありませんでした。
なぜなら、私は留学生に接するときの自分自身の態度はどうもぎこちなく、
どちらかといえば日本語をうまく操れない留学生の人たちに対して同情的
で、そんな自分が偽善っぽくて嫌で、あまり留学生との交流に関心を持つ
ことができなかったのです。しかし、留学生と一緒に過ごす経験を通して
純粋に好奇心や友達になりたいという気持ちが働いて、自分は今留学生と
接しているのだと意識することなく話をしたり、友達になったりすること
ができました。日本人だろうが、外国人だろうが、初めて会って話をして
友達になるその過程に違いはないのだなあと、あらためて実感して肩の力
が抜けました。（日本）

「親しくなれない」と思った体験は？

💬 日本人と自分とでは知り合うスピードが違います。相手に親しさを表すつ
もりなのに誤解されてしまったことがあります。自分としては、相手と親
しくなれば相手のことを呼び捨てにしたり、「です・ます」を使わずに話
したりするのがいいと思ってそうするのですが、相手はそうすると不快な
顔をしてしまいます。（中国）

💬 前に住んでいた寮で、日本人から日本語を教えてもらったり、おしゃべり
をしたりするうち、2人の日本人と仲良くなった。でも、ある時期、急に
2人が私に対して冷たくなりました。一体どうしてかと思いましたが何も
聞きませんでした。そのまま1カ月ぐらいたってまた仲良くなりました。
私は今でも私たちの間に何があったか知りません。実は知りたくないので
すが、何かきっと誤解があったのだと思います。友達だから気にしないこ

とにしました。（中国）

日本人の友達をどうつくる？

- 日本人の友人をつくったきっかけは、同国人の友達の紹介である場合がほとんどです。

- 初めて会った人に自分の名前、所属学部、学年などの紹介をして、相手の名前を聞きます。あとはそのときによって話の種を探します。なるべく互いの共通点を見いだして互いに関心のある話題を探します。

- 最初は相手の名前や出身地や趣味などを聞いたりします。もしうまく話ができたら一緒にどこかに行くとか遊ぶなどを考えます。もし断るならすぐ相手に「じゃあ今度チャンスがあればまた一緒に」と言います。

- 2人の間に共通の友人がいて、紹介してくれた。3人で話すときも自分のことについて関心を持ってくれたような感じがします。そして共通の友人がいないときもよい友達のようになりました。

- アルバイト先の年上の女性と仲良くなった。きっかけは2人ともあるコメディアンのテレビ番組が好きだということを知ってからである。その話をしながら、だんだんいろんな話をするようになった。

- 授業で隣に座っている日本人学生に話しかけたことがきっかけで彼女の隣の友人とも知り合ったし、またもう一つの授業も同じなので、ほかの友達も紹介してくれた。彼女たちに会うと、知らない人がそばにいても必ず一緒にいる人を紹介してくれるので、グループの友人ができたと思う。

✒ **Let's practice**……実践してみよう

❶ 「ディベート『AさんとBさんは友達？』」

目的：友人観についてのお互いの相違点、共通点を知り、共有する。

方法：次の文章を読んで、Aさん、Bさんは友達だと思いますか。話し合ってみましょう。

職場で机を並べているＡ君とＢ君は、同じ仕事を担当していて、しばしばチームを組むことがある。お互いに協力的で、そのチームワークはうまい。２人は同年の入社で、働きぶりには甲乙つけがたい優秀な社員だといわれている。２人ともゴルフをたしなみ、その腕前も同じぐらいである。

　だから、この２人は仲間であるといってもいい。しかし、他方では、そうとばかり言い切れない点もいくつかある。まず、２人は出身学校も郷里も違う。そのため、それぞれの同窓会の集まりで顔を合わせることはない。同年入社ということもあって、お互いによい意味でのライバル意識がある。それに、社内の人脈からいうと、Ａ君は同郷の先輩である某専務に近い。それに対してＢ君のほうは、同窓の先輩である某部長のグループに属している。幸い社内には学閥などによる露骨な対立などはないけれども、もし仮に、それぞれの先輩同士の間に対立ができ、それが表面化すれば、Ａ君とＢ君はおそらく別の行動をとって、それぞれの信頼している先輩の側に属することになるだろう。

　それに、Ａ君はすでに結婚していて、赤ん坊がいるけれども、Ｂ君はまだ独身の気楽な身で、独身者同士の付き合いがある。飲み会によく付き合うのはＢ君であって、Ａ君はマイホームへ直行する。Ａ君はいつからか弁当持参組になってしまったが、Ｂ君はもっぱら社員食堂でカレーライスなどを食べている。それに、２人の自宅は会社から全く別の方角にあって、Ａ君は JR、Ｂ君は私鉄通勤だから、ストのときなど、別々の苦労を味わうことになる。

（米山俊直『日本人の仲間意識』講談社、pp.32 ～ 33 をもとに筆者が一部修正した）

....

❗ 友達であるのかないのか、それぞれ意見が異なりますが、この違いは「友達」の定義の違い、関係のつくり方の違いなどによります。賛成、反対で終わらせるのではなく「友達」や「人との交流」について話題をひろげて考えてみましょう。

....

❷ 「自分の人間関係づくりを振り返ってみよう」

目的：自分自身の人間関係のつくり方を振り返る。

方法：あなた自身はこれまでどのように人間関係をつくってきましたか。どのように友達をつくったでしょうか。振り返ってマップを書いてみましょう。

※ただし、これはみんなの前で共有するより、個人で振り返る方法のほうがよいと思います。学生のプライバシーには注意しましょう。

実践：友達づくりのマップ　　Ｘさんの場合

国際交流会館の説明会に参加して
↓
ＳさんとＫさんに出会う（試験のときの印象が強かった）。
↓
ＳさんとＫさんとＦさんとＩさんと出会った（４人とも同じ学部で）。
↓
４人で食事したとき、Ｓさんの先輩たちが連れてきたＣさんと出会った。
↓
Ｃさんの部屋に遊びに行ったとき、Ｒさんも一緒にいて、
Ｒさんとたくさん話していい友達になった。
↓
ある日、Ｃさんは自分の友達を連れて私の部屋へ来て
日本人の２人と出会った。
↓
その２人の日本の友達と出会って３人とも親切で３人と友達になった。

❗ 友達づくりのマップをつくり視覚化することで、人間関係をどう構築してきたかについてそのプロセスを振り返ることができます。ここでの例からは、同じ活動、印象の強さ、友達の紹介などさまざまなことが友達づくりのきっかけになっていることがわかります。

❸ 「海外から来たＡさんへのアドバイス」

目的：地域に在住している外国人とのかかわり方を考える。

方法：次のＡさんのケースを読んでみてください。あなたはＡさんと同じ地域に住んでいる日本人だとします。

　1．Ａさんのおかれている状況はどのような状況ですか。

　2．あなたがＡさんだったらどうしますか？

　3．あなたがもしＡさんの近所に住んでいたらどのようにアドバイスしますか。

　4．1から3についてグループで話し合ってみましょう。

　わたしは、半年前に海外からきて夫と子ども二人と一緒に日本に住んでいます。地域の人と仲良くなりたい、交流したいという気持ちはありますが、近所の人とは会ってあいさつするだけです。日本語はまだ少ししかわからず買い物はできますが、あまり細かい話ができません。母国にいたときにはバドミントンをやったり活発だったのに今は地域の人とも仲良くなれずさびしい気持ちでいます。どのようにしたら日本人の友達ができるでしょうか。

‼ どのようにしたらＡさんは地域の人たちと交流できるか、あなた自身が今住んでいる地域を具体的にイメージしながらアイデアを出し合ってみましょう。

第 5 章

人とコミュニケーションするということ

● プロローグ

　理想的なコミュニケーションとはどのようなものでしょうか。『徒然草』の中では、「よき人の物語するは、人あまたあれど、一人に向きて言ふを、おのづから、人も聞く」（立派な人が話をする様子は同席の人が大勢いてもその中の一人に向かって話しかけるのを、自然に他の人たちも聞くことである。56 段）と書かれています。いつの時代でも、コミュニケーションは人と人をつなぐ大切な役割を果たしていると言えるでしょう。

　ここでは、人と人がコミュニケーションすることについて考えていきましょう。

● キーワード

コミュニケーション　ジョイントベンチャー
コミュニケーション能力

① コミュニケーションはジョイントベンチャー！

　コミュニケーションとはどういう意味でしょうか。日本語でどのように訳せばいいか、ちょっと考えてみてください。伝えること？　話すこと？　コミュニケーションとは、もともとラテン語の "Communis"（共有される）に由来しているそうです。"Communication" は一人の人間が他の人間と分かち合い、共有し合うというところから出発している言葉と言えるでしょう。つまり、相手があって初めて成り立つ言葉と言えると思います。そしてさまざまな人の中で生きていく上でなくてはならない行為なのです。

　では、コミュニケーションはどんな定義がなされてきたのでしょうか。これまでいろいろな人たちが、例えば、プロセスであるとか、交換であるとか、伝達であるなど、さまざまな定義をしてきています（p. 101「コラム 3」参照）。サモーバー他（1983）は「コミュニケーションとは相互通行的であり、進行的であり、また行動に影響を及ぼすプロセスである」と述べていますが、ここではコミュニケーションをこのようにとらえます。

　では、コミュニケーションをモデルにするとどのようにとらえられてきたのでしょうか。これまでさまざまなコミュニケーションモデルがつくられてきました。このさまざまなモデルを見てみると、コミュニケーションを話し手から聞き手に一直線に進むものとしてとらえているものが多いことがわかります（p. 100「コラム 1」参照）。でも、コミュニケーションとは、話し手が相手に一方向に何かを伝えるだけのものでしょうか。例えば教室の中で、教師が何か話したとします。学生たちは黙って聞いています。でも、これは教師から学生に一方的にメッセージが伝えられただけなのでしょうか。もう少しじっくり観察してみましょう。学生は教師の言葉を聞いて、「なるほど」とか、「うーん、ちょっとわからないなあ」とか「面白くないなあ」などと、自分自身の中でつぶやいたりしています。そして、教師にわからなさそうな顔をしたり、うなずいたり、あくびをしたりして、何らかの形でメッセージを伝えます。すると教師はそれを見て「じゃ、もう少し面白そうな話をしたほうがいいかな」とか「もう少しゆっくり話したほうがいいかな」と自分自身の中で言いながら、少しずつ自分の話し方を変えたりします。

　こうして考えてみると、現実のコミュニケーションは話し手から聞き手ま
で一方向にメッセージが伝えられるだけのものではなくて、話し手と聞き手
が共同でお互いに影響を及ぼし合いながらつくりあげているということがわ
かります。ハウエル・久米（1992）は、現実の場面でのコミュニケーショ
ンは話し手と聞き手が双方に影響を与えながら双方向的に行われるという視
点に立ち、双方が話し手であり聞き手であるという**ジョイントベンチャーモ
デル**を提示しました。このモデルでは、コミュニケーションはどちらかが話
し手、聞き手と決まっているのではなく、両方が話し手であると同時に聞き
手であり、対等な形でジョイントベンチャーに従事するという考えがもとに
なっています。つまり、これは具体的にはコミュニケーションという共同作
業に参加する両方が送り手と同時に受け手であり、双方が個人内および対人
間でフィードバックを出し続けるということを示しています。

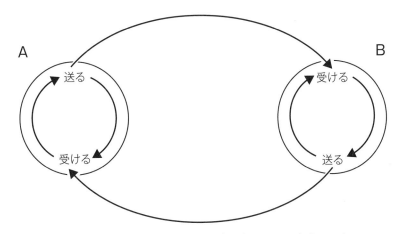

図 5　ジョイントベンチャーモデル（ハウエル、久米 1992）

　コミュニケーションはただ人に何かを伝えるだけではなくて、聞き手と話
し手がお互いに「共有」し合ってつくっていくものなのです。そしてそれは
絶えず変化しているダイナミックなものなのです。相手のメッセージを受け
取る、自分自身の中で考えてみる、無意識に非言語で相手にメッセージを送
る、こうした無意識でのプロセスもすべてコミュニケーションなのです。

授業を行うとき、授業におけるコミュニケーションも参加者同士のジョイントベンチャーの場であるということを意識して行う必要があるのではないでしょうか。筆者は授業の中での行動や感情への振り返りを行うため、よく授業の最後に学生に「ふりかえりシート」を提出させますが、目を通すだけではなく、そのいくつかを次の授業のときに紹介し、コメントを述べるという形で、参加者全員でシェアするようにしています。双方向のコミュニケーションを行うために、ほかにもいろいろな方法があるのではないでしょうか。

2　高コンテクスト文化と低コンテクスト文化

　私たちは、コミュニケーションを行う際に、時には言葉に頼る方法をとりますが、言葉にあまり頼らずにその場の状況で相手にメッセージを伝える場合があります。つまり、状況も相手に伝えるメッセージの一部になっている場合があります。次の会話はどんな会話でしょう。

　　会話例①　A：終わった？

　　　　　　　B：まだだよ。

　　　　　　　A：あ、そう。

　これはいったいどんな会話でしょう。一見コミュニケーションは成立しているように見えますが、コンテクスト（状況・文脈）がわからないと、全然伝わってきませんね。この会話は相手に伝えるメッセージのほとんどが、言葉というよりも状況に頼っています。では、次の場合はどうでしょう。

　　会話例②　A：レポート終わった？

　　　　　　　B：まだ終わってないよ。

　　　　　　　A：あ、そう。わかった。

　この場合は①の場合とは異なってメッセージはほとんどが言葉に含まれています。

　米国の文化人類学者エドワード・ホール（Hall, E. 1977）は、文化とコミュニケーションの関係を、コンテクストとの関係からとらえて説明しようとしました。コンテクストとは、話し手と聞き手の間に存在する言語以外のさま

ざまな要素で、例えば身体的、空間的、時間的、社会的、心理的なさまざまなものを指します。ホールは、メッセージを伝え、解読する過程で、コンテクストに依存する割合の高い文化を**高コンテクスト文化**（High Context Culture）、低い文化を**低コンテクスト文化**（Low Context Culture）と呼びました。低コンテクスト文化ではメッセージを伝えるとき、言語に頼る割合が高いとしています。会話例①の場合は高コンテクストのコミュニケーション、②の場合は低コンテクストのコミュニケーションが行われていると言えるでしょう。コンテクストにどの程度頼るかの違いはコミュニケーション上の誤解の一つの原因になってしまいます。例えば、ある人がパーティーに誘われて断りたいと思っているとします。もし高コンテクスト文化であれば、「ちょっと……」と、言語表現ではあまりはっきり明示せずに、顔の表情、声のイントネーションなどで相手に断る気持ちを察してもらおうとするでしょう。これに対して、低コンテクストの文化であれば、「すみませんが、明日は予定が入っておりますので、残念ながら行けません」とはっきり言語で明示するでしょう。この2つの断り方に対してお互いの期待がずれていた場合、誤解が起きてしまうのではないかと言えます。

　米国人学生と日本人学生のクラスでディスカッションしたときのこと。「恋人や結婚相手に毎日『愛している』と言うべきかどうか」ということについて意見が真っ二つに分かれました。「言葉で言わなくても通じ合うから言う必要はない」と言う日本人学生に対して「言葉で言わないと相手は不安に思ってしまうと思う」と言う米国人学生。「言葉に出しても出さなくても同じなら、どうして言葉に出さないのか」と追及されて、ついに日本人学生は答えられなくなってしまいました。ディスカッションの後の感想で日本人学生の一人は、自分の話し方について「自分自身が普段思っていることを言葉に出して説明するのに慣れていないと感じた。相手に言い返すことができなかったのを悔しく感じた」と述べていました。この場合、高コンテクストと低コンテクストのコミュニケーションの考え方の違いが出ていたと言えるでしょう。一方、米国人学生の感想には「日本人学生の話し方は曖昧で肝心なことには答えてくれない」などが見られました。相手とのコミュニケーションの仕方の違いもお互いのストレスの原因になってしまったようです。

また、これまでの異文化コミュニケーション研究の中には、米国人は低コンテクスト、それに比べて日本人や中国人は高コンテクスト、と指摘されている研究が多く見られますが、実際はこのような場合がすべてというわけではないと言えるでしょう。例えば中国人と日本人とのディスカッションを比較した場合、中国人のほうがより低コンテクストであるケースも見られます。もちろん、個人によっても異なるでしょう。米国との対比だけで低コンテクスト文化、高コンテクスト文化と決めてしまうことは危険ではないでしょうか。

3 「思い込み」の怖さ ―日本語教育の落とし穴

　あなたは「日本人のコミュニケーションの特徴は？」と聞かれたらどう答えるでしょうか。沈黙が多い、曖昧、はっきりしない、あまり主張しない……、こんなイメージはないでしょうか。しかし、教師がこのようなステレオタイプ的な日本人のコミュニケーションについてのイメージにとらわれていると、思わぬ落とし穴があったりするのです。例えば招待した客が夜遅くなっても帰らないとき、どのように帰ってもらうよう勧めるか（日本での場面を想定した場合）、留学生にアンケートをとったところ、回答には「『今夜うちに泊まっていったらどうですか』と勧めることによって、帰ってもらいたいことを察してもらう」「『まだ11時過ぎてませんよね』と言う」「子どもに向かって『早く寝なさい』ということで察してもらう」など、はるかに「曖昧」と思われる表現が多く見られました（徳井2001b）。留学生の母語の影響や「日本人は曖昧な表現をする」ことを留学生が過剰に受け止めてしまっていることがその原因ではないかと思われます。また、「『また遊びに来てください』という言葉は、日本語のクラスでよく日本人の特徴であるあいさつとして教えられるが、私の出身地ではもっとあいさつの意味のほうが大きい」と言う留学生もいます。教師がステレオタイプにとらわれて教えると、学習者がそれを過剰に受け止めてしまったり、学習者の母語の多様性に目をつむったりしてしまうことになるでしょう。教師が学習者の母語の多様性に気

づかず、これまで多く行われてきた日英対照研究の結果示された日本語の特徴だけにとらわれてしまうと、思わぬ落とし穴があるのではないかと思います。言語を教える教師は、言語に対して常に柔軟な、開かれた気持ちで接することが大切ではないでしょうか。

　筆者は授業の中で、日本人のコミュニケーションについての思い込みや自分自身のコミュニケーション意識の変化を学生自身に意識化させるという方法を取り入れてみました（p. 111「実践してみよう 6」参照）。これは、感謝や勧誘の場面で、①日本人ならどう言うと思うか、②自分なら次の場合どう言うか（a：母国では？　b：日本で、相手が日本人のときは？）についてそれぞれ回答し、話し合うものです（徳井 2001b）。これは、学習者同士がこれらの回答を手がかりに話し合うことにより、インターアクションを通じて、自分自身の変化や日本人に対するコミュニケーション意識について振り返るプロセスを重視した実践です。学生の回答にはそれぞれの場合で異なっているケースも見られました。例えば、「宿題を友人に手伝ってもらったとき、どう言いますか」という質問に対して、ある韓国の学生の回答は、日本人なら「ごめんな、おかげで助かったよ」、自分自身なら母国では「ありがとうな、明日、昼でも一緒に食べような」、日本で、相手が日本人のときは「ありがとうございました。本当に助かりました」と言うと思う、と回答していました。また、「友達を家に招待しました。料理を勧めるとき、何と言いますか」という質問に対して、ある中国の学生の回答は、日本人なら「口に合うかどうかわかりませんが、食べてみてください」、母国では「たくさん食べてください」、日本で、相手が日本人のときは「おいしいかどうかわからないけれど、ぜひ食べてみてください」と言うと思う、と回答していました。

　それらの回答を共有しながら、「なぜより丁寧な回答になったと思うか」「どんな経験が影響していると思うか」について話し合いました。この実践は、アンケートの結果が目的なのではなく、それを手がかりに話し合うインターアクションそのものに意味づけがなされていくというところに意味があります。実践を通して学習者が「日本人のコミュニケーションの仕方に対する思い込み（イメージ）」と、「母語でのコミュニケーションの仕方」のはざまで、

自分自身のコミュニケーションの仕方を調整している様子が浮かび上がってきました。

　これまでは母語でのコミュニケーションの仕方の影響という観点からの研究が多くなされてきていますが（プラグマティックトランスファーなど）、このような調整の視点に立って学習者のコミュニケーションをとらえることも大切ではないかと思います。インターアクションを通して自分自身のコミュニケーション意識がどのように変化したのか、自ら振り返る過程を重視した授業を行ってみるとさまざまな新しい発見があるのではないでしょうか。

❹ SNS とコミュニケーション

　近年 SNS（会員制交流サイト）の普及に伴って、コミュニケーションのあり方が大きく変化してきました。あなたは、今日一日、だれと、どのようにコミュニケーションをとったでしょうか。ある日、筆者の担当している大学の授業で学生に聞いたところ、「話す」「書く」「聞く」「読む」のうち、ほとんど SNS のコミュニケーションで「書く」だった、という回答が返ってきました。

　SNS によるコミュニケーションは、離れていても即座にやりとりができるという便利な面を備えています。遠く離れて暮らしている友人や家族同士が一緒にコミュニケーションすることも可能です。また災害時に救助を求めるツイッターのおかげで多くの人たちの命が助かったというケースもあります。このようにさまざまな便利な面があると言えます。

　一方で、さまざまな面で私たちのコミュニケーションに変化が起きていることも事実です。岩宮（2019）は、「今は、感覚や感情についての短文のつぶやきや、写真にキャプションを添えて瞬間を切り取り、その場ですぐに伝えるツールを利用する人が圧倒的に多くなった」と述べています。そして「視覚的なインパクトが強く、感情はとても動かされるものの、文脈や脈絡というものを重視しないコミュニケーションがどんどん増えてきている」と述べ

ています（岩宮 2019）。画像を送り瞬時に相手と場を共有できるのは楽しい面もあります。しかし、「文脈が読み取れないなかでインパクトのある言葉やイラストが感情の誤読を生んだり、つい呟いてしまった悪口から思いもかけないトラブルもある」（岩宮）と指摘されているように、SNS のコミュニケーションには危険な面もあるという点も心のどこかに留めておく必要があるのではないでしょうか。

　また、岩宮は、SNS のコミュニケーションでは表面的には楽しく仲良くすることに心を砕きながら、矛盾をはらんだ「多重構造のコミュニケーション」が見られるとしています。岩宮によれば、一見、楽しそうな学校生活を送っているように見えるのに、人が信じられないと暗い顔をしている人と会うことがあり、話を聞いてみると、会って話をしているときは楽しげに盛り上がっていたのに、その時間に相手の悪口をつぶやいたりすることがあるのだそうです（岩宮 2019）。つまり、実際に対面で行っているコミュニケーションの内容と全く反対の内容を SNS で発信している「多重構造のコミュニケーション」が行われているというのです。

　瞬時に思ったことを簡単に発信するツールがあり、しかも相手が目の前にいない場合、これまでは簡単に外に出さなかった自己内のコミュニケーションの部分も「呟く」ことによって簡単に外に出すようになってきているためかもしれません。

SNSの普及と同時に、それを使う人間側もそれに必要な能力が必要になってきていると言えます。例えば、自分自身のコミュニケーションについて気づきを高める力やフィードバックする力も今まで以上に必要になってきているのではないでしょうか。これからもさまざまなコミュニケーションのツールが出てくると思いますが、人間が機械に使われてしまうのではなく、機械と上手に付き合うこと（あるいは使うかどうか選択することも含めて）が大切ではないかと思います。あくまでコミュニケーションの主体は自分自身なのです。

⑤　コミュニケーションに必要な資質・能力とは

　では、私たちがコミュニケーションを行うにはどのような資質・能力が必要でしょうか。吉川（1989）は、「コミュニケーションは人との関わり合いの中に存在する」と述べ、「伝達者とは、関係的存在者ということができる」と述べています（p. 102「コラム4」参照）。コミュニケーションを行う際には人と関係を構築していく力が必要であると言えるでしょう。

　現在、多くの日本人が海外で働いています。渡辺（2002）は海外で働く日本人技術者への調査等をもとに、海外でうまく技術指導を行った技術者は、さまざまな事柄の「関係」のあり方をよく観察し、それらの「関係」をうまく調整することによって効果的な技術指導を行ったと考えられるとしています。そして、渡辺はこのような調整能力を「統合的関係調整能力」と名付けました。渡辺によれば、これは、異文化で仕事をする場合に、自分や相手の価値観や感情にとらわれずに、ひたすら「関係」のあり方を冷静に見定め、「関係」をうまく調整することによって課題を実現していく能力です。

　この能力は、異文化で仕事をする場合だけではなく私たちの日常生活のコミュニケーションでも必要な資質・能力と言えるでしょう。

　渡辺はこの統合的関係調整能力を育成するための実習法として、「エポケー実習」を提案しています。渡辺（2002）は、「**エポケー**」を「**判断留保**」と訳しています。渡辺は、「この意識操作の方法は、自らが認識しているもの

や事象が自らと離れて客観的に存在していると考えず、その認識を絶えず括弧のなかに入れ、より慎重に知ろうとする認識の方法です。認識した物事や事象が、絶えず新たな姿で認識されるようになります」と述べています。

　渡辺によると、エポケー実習の方法は、まず、二人組のペアをつくり、それぞれ「自分にとって大切なもの、人、こと」などを絵に書きます。次に一人がもう一人に絵を説明しますが、その時に聞き手は、「あなたは〜を大切に感じているのでしょうか？」と自分の理解を断定、判断せずに共感的に確かめます。このとき、質問や自分の考え、思い、判断、意見など言わないことが重要です。これらの思いはいったん自分の意識の脇においておくことが大切です。この一連の作業がエポケーになります（渡辺2002）。

　私たちは、人の話を聴くときに、「こういうものだ」と思い込んで聞いてしまいがちです。例えば、夏に「最近あまり食欲がない」と聞くと「暑さのために食欲がでないのだ」と勝手に判断してしまう場合があるかもしれません。しかし、その思い込みを留保して実際相手の話を聴くと実際はストレスを抱えていて食欲がなかったという場合もあります。人の話を聴くときに、判断せずに留保して「○○かもしれない」と括弧に入れて話を聴くと、相手の世界が自分の中で新たに創られていくのを感じることができます。

　「聴く」力は、コミュニケーションでは大切な能力と言えるでしょう。現在、地域に住む外国人の数が増加していますが、筆者はこのような在住外国人の相談にのるバイリンガルの相談員へのインタビューを行ってきています。多くのバイリンガルの相談員が外国人の相談にのるときに、「聴くことが大切」と語っています。「あまり悩みがなくてもただ聴いてもらいたいだけで来る場合もある」という声や、「深刻な悩みなどを聴くときに忍耐力が必要」という声もあります。

　相談場面のみならず、日本語教育の現場においても、「聴く力」は重要であると言えるでしょう。さきほど紹介したエポケーは、聴く力を養うためにも重要であると思います。

　日本語教育の現場ではともすれば「教師＝話す人」「学生＝聞く人」になりがちですが、「聴く」コミュニケーションも重視していけば共に意味を創り上げる豊かなコミュニケーションへと変化していくのではないでしょうか。

今後ますます多文化化が進むと同時に多様な現場でのコミュニケーションが重要になってくるでしょう。「異文化コミュニケーション教育」は、もはや「別の世界のできごと」や「非日常のできごと」ではなく、すべての人たちにとって身近で日常的に必要になってきています（徳井 2011）。コミュニケーションとは「刻一刻と変化していく動的な、そして関係構築的なプロセスそのものである」とし、「成功だけではなく失敗もあれば予測不可能な状況もある」ととらえることができます（徳井 2012）。

　多文化化していく社会におけるコミュニケーションに必要な資質・能力について、筆者は「成功や失敗を繰り返しながらも相手と関係を構築しようとする力」「相手と共に意味を創り上げようとする力」「相手の話を、判断を留保しながら聴き共感的に理解しようとする力」「動的で予測不可能な状況の中で前向きに対応しようとする力」「自分自身のコミュニケーションを意識化しフィードバックしようとする力」等が重要ではないかと考えています。ここで筆者が「○○する力」ではなく、「○○しようとする力」としたのは、コミュニケーションそのものが完結したものではなく、プロセスそのものであることを示したいためです。

📖 column……コラム

▶ コミュニケーションの理論

コラム 1　これまでのコミュニケーションモデル

　コミュニケーションモデルは時代を経るにつれ、現実のコミュニケーションの状況を反映し複雑化されてきていますが、以下のようにいずれも発信者から受信者へ一方向に進むというモデルが多く見られました。

○シャノンとウィーバー（Shannon, C. & Weaver, W. 1949）のコミュニケーションの工学モデル

　　情報源（Information Source）→送信体（Transmitter）→チャンネル（Channel）→受信体（Receiver）→目的地（Destination）

　これは、発信者（Sender）→受信者（Receiver）というそれまで考えられていたモデルに「チャンネル」を入れるという形で修正を行ったものです。

○バーロ（Berlo 1960）の SMCR モデル

　シャノンとウィーバーのモデルと異なるのは、S（Sender）と C（Channel）の間に M（Message）を入れたことです。さらにバーロは SMCR のそれぞれにコミュニケーションの要因を挙げています。

　　発信者（Sender）→メッセージ（Message）→チャンネル（Channel）
　　→受信者（Receiver）

コラム 2　コミュニケーションのレベル

　コミュニケーションのレベルの分類の仕方にはいくつかの方法が見られますが、次のような分類が一般的とされています（石井他 1987）。

　① 個人内コミュニケーション（Intrapersonal communication）

　② 対人コミュニケーション（Interpersonal communication）

　③ 小集団コミュニケーション（Small group communication）

　④ 組織コミュニケーション（Organizational communication）

　⑤ 異文化コミュニケーション（Intercultural communication）

　⑥ 国際コミュニケーション（International communication）

コラム 3　コミュニケーションの定義

　コミュニケーションは、これまで多くの定義がなされてきました。塚本（1985）は、これまでさまざまな人たちによってなされてきたコミュニケーションの定義を次の 15 の概念に分け、紹介しています。

　① 言葉による考えの交換

　② 他者を理解し、他者に理解されるプロセス

　③ 相互作用

　④ 不確実性の減少

　⑤ プロセス（言葉、絵、図などの記号を使っての伝達行為のプロセス）

　⑥ 伝達であり、交換

⑦ 連結

⑧ 共通性をつくるプロセス

⑨ 電話、電信などを使ってのメッセージの送信

⑩ 記憶の刻印

⑪ 刺激に対する生命体の識別反応

⑫ 刺激による情報伝達

⑬ 意図的なメッセージの伝達

⑭ 時間と状況の交換

⑮ パワーが行使されるメカニズム

▶ コミュニケーションのとらえ方

コラム4 コミュニケーションは人とのかかわり合いから生まれる

　対話的思考によると、単独の状態ではコミュニケーションは存在することはなく、常にほかの何か、あるいはほかのだれかとのかかわり合いの中に存在するものである。例えば、伝達者は特定化された話し手、あるいは聞き手といった単独・孤独な存在者として見るのではなく、常に別の伝達者とのかかわり合いの中に存在していると見なすものである。ゆえに伝達者とは、関係的存在者であるということができるのである。それは、自己自身ではなくて、他者と自分自身とを関係させることのダイナミック的過程の中においてのみ理解され得るのであろう。（吉川他（1989）『文化摩擦解消のいとぐち』人間の科学社、pp. 148〜149）

▶ 集団コミュニケーションとリーダーシップ

コラム5 対人コミュニケーションと集団コミュニケーション

　1対1の対人コミュニケーションと3人以上の集団コミュニケーションはそれぞれどのような特徴があるでしょうか。対人コミュニケーションの場合、人数が少ないので話者同士で話題を共有しやすく、深めやすいと言えるでしょう。一方で、客観的な視点に欠け、間違った方向にいっても二人とも気づかない場合もあります。集団コミュニケーションはより複雑です。人数が多いため、意

識しないと話題が共有できない場合もあります。多様な意見が出やすいため、コンフリクトの起きる場合もありますが、創造的な結果を生み出すことも可能です。また、司会役などさまざまな役割も出てきます。

　「1対1だとコミュニケーションできるけど、集団の中だとうまくコミュニケーションできない」という学生の声を最近よく耳にします。メールや携帯が普及し、特定の個人とは1対1で深くやりとりができるのに、大勢の中で、他者同士が話し合っている状況では、話題に入っていけなくなってしまう場合も見られるようです。それぞれのコミュニケーションの特徴を知り、自分がふだんどのようにコミュニケーションを行っているか振り返ってみることは大切ではないでしょうか。

コラム6　多様なリーダーシップ

　集団でコミュニケーションを行う場合、リーダーシップは重要になります。宮原（2006）は、「人間関係に対する関心」「グループの業績達成に対する関心」という2つの組み合わせから、リーダーシップのスタイルを独断的（人間関係に対する関心が低く業績達成に関する関心が高い）、迎合型（人間関係に対する関心が高く業績達成に対する関心が低い）、妥協型（中間点で折り合いをつける）、放任型（人間関係に対する関心も業績達成に対する関心も低い）、民主的（人間関係に対する関心も業績に対する関心も高い）に分けています。宮原は、リーダーシップの発揮の仕方、スタイルは多くの条件や個人の考え方、性格などによっていろいろな形をとる、としています。例えば、独断的なリーダーシップは人間関係の面では期待できないが、誰かが人の反対を押し切ってでも決断しなければ重大な結果を招く恐れがあるような緊急時の場合には必要であるとしています。また、放任型リーダーシップについては、グループのメンバーがそれぞれ率先力を持ち、十分な情報収集力、分析力、問題解決力を持っている場合には必要ではないかとしています。（宮原哲『新版　入門コミュニケーション論』松柏社、pp. 187〜192より一部抜粋）

✎ voice……声

日本人とコミュニケーションするとき

- ある日、とても親しい日本人に、「あなたは話しているときにとても威張っている」と言われました。私は全然そういうつもりで話していなかったので、とても驚いて悲しくなりました。しかしこの出来事で、私は日本語を話すとき、声の高さで意味が変わることに気づきました。（イラン）

- 冗談で言ったことを本気にされてびっくりしました。（中国）

- 電話でイエスかノーかの返事をくれるはずなのに、電話をくれなかった。はっきりノーと言ってほしかった。（中国）

- 日本に来たばかりのころ、ある日本人と話していて「あなたの髪型、すてきね」と褒めました。喜んでくれるかと思ったのに「いいえ」と言われてしまいました。どうして自分の言ったことをそのまま受け取ってくれないんだろうとショックを受けてしまいました。（モンゴル）

ストレスがたまった！

日米学生の討論を行った後、米国人留学生に「今日の討論に参加してどう感じたか」とインタビューしたところ、次のような回答がありました。彼らの意見を読んで、あなたはどう思いますか。

- 日本人の学生の話し方はまるで渦を巻いているみたいで、全然ポイントがつかめなかった。何を言いたいのかわからなかったです。

- 私はディスカッションでは、たくさん質問をして、意見をぶつかり合わせてそこから新しい考えを生み出したりつくり出したりする楽しさがあると思う。だけどその考えを日本人の学生は受け入れてくれなかった。私は幼いころから人と議論したりするのに慣れている。でも、日本人の学生は討論の仕方が下手で、慣れていないと思う。そういう教育を受けているのかよくわからない。意見をぶつけ合いたかったのにそれができず、とてもストレスがたまった。

---

case……事例

ケース1 評価の観点が異なっていた！

　多文化クラスの学生に行った授業後の自由記述式評価を分析したところ、留学生と日本人学生で評価の側面が異なっていることがわかりました（徳井1999）。留学生は、日本語力、どれだけ相手にオープンにできるか（自己開示）、感情表出、雰囲気という側面を重視して評価していたのに対して、日本人学生は、異質性、一体感、和やかさ、他者配慮、チームワークを重視して評価していました。同じ場で討論していても、異なった面を評価する傾向があったのです。

ケース2 多文化クラスをどう評価するか
　　　　　　―学生自身によるコミュニケーション評価

　多文化クラスの学生たちは自分たちをどう評価しているのでしょうか。多文化クラスの学生に行った授業後の自由記述式評価（自己評価、他者評価、グループ評価）に書かれた学生の記述を分析し、それをもとに評価項目を作成したところ、次のようになりました。学生自身はこんな観点から評価をしていたのです（徳井1999）。

　　人とコミュニケーションする能力／日本語の能力／人の話を聞く態度／積極性／分担した役割を果たすこと／協力すること／自分自身の感情を表すこと／ほかの人のことを配慮すること／チームワーク／さまざまな視点を持つこと／知識／深く考えること／ほかの人を理解すること／新しいアイデアを持つこと／相手の考えへの共感／和やかにコミュニケーションすること／一体感を持つこと／異なっているもの（こと）について学ぶこと／クラスをきちんと運営すること／クラスの雰囲気／他人に対して自分自身をオープンにすること／自分の意見を主張すること／自分の意見をわかりやすく伝えること

ケース3 どこが伝わっていないの？
　　　　　　―留学生、日本人のコミュニケーション

　次の事例は、筆者の担当していた留学生と日本人が一緒のクラスで、日本語で討論する場面に見られたコミュニケーションギャップの事例です。お互いに何を伝えたかったのでしょう。うまく伝わっているのでしょうか。うまく伝わっていないところはどこでしょうか。考えてみましょう。

会話例①

司会：就職するにあたって、資格が必要なところに行きたい方は？

中国：すみません、もうちょっと声、大きく。言葉の意味の問題じゃなくて、質問の……どうやって答えたらいいかわからないんですよ。

会話例②

日本人司会：皆さんの国について聞きたいんですけれども……。

ラオス：　　質問がよくわからないんですけれども……。

日本人司会：ざーっと読んでいただきたいんですけれども。

日本人司会：少々の知識はあると思いますけれども、韓国ではテレビがはやっているらしいんですけれど、皆さんの国ではどうだったんでしょうか、というか、こんな感じだったというのをできれば聞きたいんですけれども。

マレーシア：質問がよくわからない……。

会話例③

マカオ：自分で経験するより、会社に入ってから会社で経験してから自分でやるほうが、そういうことばかり言うんじゃなくて……。

中国：　　自分でやってみればいいじゃないですか。

日本：　　それは、それぞれ考え方が……。

会話例④

日本人司会：詰め込み教育について考えたいと思います。

日本：　　　大学入るの、パーセントはどのくらいですか。

マレーシア：マレーシアは言葉が多いので学生たちは大変です（笑い）
　　　　　　……。後で混乱すると思います。

日本：　　　まあ一応あの、マレーシアについてはなかなか難しい問題
　　　　　　が多いみたいで……、今いろんな人に説明してもらって次
　　　　　　第にわかってきたみたいですが、ほかの国はどうですか。

⚠ 会話例①、②は、質問の仕方が極めて曖昧なため、相手に質問の意図が伝わっ
　ていないケースです。日本人司会者が「できれば聞きたいんですけれども」
　のような形で聞いているため、質問内容が曖昧になっているケースです。
　わからないときに留学生が「どうやって答えたらいいかわからないんです
　よ」のように、わからないことを伝えている発言も見られますが、実際は
　このように伝えることができないままにしている場合も多いのではないで
　しょうか。

　会話例③、④は、留学生のストレートな言い方に対して日本人学生がうろ
たえてしまい、ほかの考え方も支持したりほかの話題に移そうとしたりして、
なんとか対立させずにしようとしている場面です。「もっと正面からぶつかっ
て意見を述べ合いたい」と考えて発言している学生にとっては、ストレスが
たまってしまったのではないかと思います。

ケース4 ▶ 学生の定義するコミュニケーションとは？
　　　　　　―多文化クラスでの実践から

　学生自身は「コミュニケーション」をどうとらえているのでしょうか。多
文化クラスで、共同プロジェクト（ビデオ作品づくりやパンフレットづくり
など）を行ったことがあります。この共同プロジェクトの後に「コミュニケー
ションとは何かについて定義してください」という自由記述式アンケートを
行ってみました。学生の定義する「コミュニケーション」は以下のようなも
のでした（徳井 2001a）。

　　相手と何らかの形で意思疎通すること／お互いに相手の気持ちを理解し
　　合うこと／相手のすばらしいところを学ぶこと／人と人をつなぐもの、

一人では生きられない人間に勇気を与えてくれるもの／笑顔から始まるもの／人と人が理解し合うために、言葉や身振り、表情などを使って伝えようとする方法／お互いが内側にもっているものを外に出して交換すること／相互理解に向かうプロセス／相手との距離を確かめ合いながら自分を見つめ直すプロセス／お互いの文化の交流とそのための手段／自分の周囲のことに興味をもって触れてみようとすること／異文化理解を求めてそこに至るまでに重ねる相手との交流の過程／触れ合い

　学生の挙げた回答を見ると、学生は共同作業を行うことによってコミュニケーションを、相手と共有するものであり、双方向的なものであり、またプロセスとしてとらえるようになったことがわかります。多文化チームで作品をつくっていく過程で、コミュニケーションについて深く考えるようになったのではないでしょうか。

✒ Let's practice……実践してみよう

①「高コンテクスト・低コンテクストのコミュニケーションを体験してみよう」

目的：低コンテクストと高コンテクストのコミュニケーションを体験する。
方法：次の会話を、低コンテクストコミュニケーションと高コンテクストコミュニケーションの会話で考えてみてください。
　　　• サッカーの試合を一緒に見に行こうと誘われたが、断りたいとき

回答例：
　低コンテクスト：「その日、あいにく別の予定が入っていて行けないんだ。
　　　　　　　　　　ごめんな」
　高コンテクスト：「悪いけど、ちょっと……」

....

❗ それぞれどのような場合に使っているでしょうか。コミュニケーションを
　行っている二人の関係は影響しているでしょうか。高コンテクストのコミュ
　ニケーションを、コンテクストを共有していない人が聞いたらどのような
　誤解が生じるでしょうか。他の会話例を考えてみてもよいでしょう。

....

❷ 「ニュースキャスターのコミュニケーションを観察してみよう」

目的：上手な聴き方とはどのような聴き方か、ニュースキャスターのコミュ
　　　　ニケーションを観察する。

方法：ニュースの解説番組を見てみましょう。ニュースキャスターがどのよ
　　　　うに相手の話を聴いているのか聴き方を観察してみましょう。

....

❗ 聴くことはコミュニケーションにとって重要です。なぜそのキャスターが
　プロと言われるのか、聴き方を観察するとヒントがありそうです。インタ
　ビューなど複数のやりとりがある番組を扱ってもよいでしょう。

....

❸ 「自分のコミュニケーションについて振り返ってみよう」

目的：自己のコミュニケーションスタイルを振り返り、共有する。

方法：4 人のグループで、次のテーマについて話し合ってください。2 人が
　　　　オブザーバーとして、4 人の会話を観察してください。

テーマ「今度あなたのクラスで、1 泊 2 日の旅行に出掛けることになりま
　　　　した。どこへ行きますか。計画を立ててください」

　その後で、参加者、オブザーバーのそれぞれで次のアンケートをしてみて
ください。その後、アンケートの結果を共有し合ってください。参加者間の
結果は同じだったでしょうか。また参加者とオブザーバーの結果は同じだっ
たでしょうか。

1. 目的を達成しようとしていましたか。
2. 話題はどのように展開しましたか。
3. どのように意見を述べていましたか。
4. どのように賛成、反対をしていましたか。

! ここでは集団コミュニケーションの中で、どのように参加していたのか、振り返ることができます。またメンバーによっては目的達成や話題の展開の仕方のとらえ方にずれがあるかもしれません。話し合いながら共有してみましょう。

④ 「リーダーシップについて討論してみよう」

目的：リーダーシップについて討論しリーダーシップのあり方について考える。
方法：数名のグループをつくりましょう。

1. 「国のリーダーとしてどのような人がふさわしいか、歴史上の人物や現在活躍している人物から、複数候補を考え、一人に絞ってください。（ディスカッション1）
2. ディスカッション1で挙げた人物を皆で共有しましょう。
3. 2で挙げられた人物それぞれについて、コラム6（p. 103）で挙げた多様なリーダーシップのスタイル（宮原2006）のうち、どのリーダーシップのスタイル（独断的、迎合型、妥協型、放任型、民主的）の特徴が大きいといえるか、話し合ってみましょう。

⑤ 「ディスカッションしてみよう ―メディアとコミュニケーション」

目的：メディアとコミュニケーションの関係を考える。
方法：私たちの日常生活では、メールやラインなど、さまざまなコミュニケーション形態がとられています。さて、SNSと対面でのコミュニケーションとは、どう違うでしょう。また、人と人とのコミュニケーションという観点からはどんな効果や欠点があると思いますか。ディスカッ

ションしてみましょう。

❗ 対面のコミュニケーションとメールやラインのコミュニケーションでは、伝えやすい内容は異なるでしょうか。表情を出せない分をどのように補っているでしょうか。また誤解はあったでしょうか。さまざまな観点から話し合ってみましょう。

❻ 「振り返ってみよう ―日本人のコミュニケーションについての思い込み？」

目的：自分自身のコミュニケーションの仕方の変化を振り返る。
方法：日本に来る前と日本に来てからの、あなた自身のコミュニケーション意識について振り返ってみましょう。

下の1から3の質問について、A、Bそれぞれの場合を考えてみてください。どのように言いますか。

1. 宿題を友人に手伝ってもらったとき、どう言いますか。
2. 友達を家に招待しました。料理を勧めるとき、何と言いますか。
3. 友人を家に招待したのですが、夜も遅くなったので帰ってもらいたいと思ったときは、どうしますか。

A. 日本人ならどう言うと思いますか。
B. あなたならどう言いますか。
　a　母国では？
　b　日本で、相手が日本人のときは？

❗ それぞれの回答は、同じでしょうか。それとも異なっていたでしょうか。その場合、なぜ異なっていたと思いますか。母語の影響はあるでしょうか。日本語についての思い込みはあるでしょうか。振り返りながら共有してみましょう。

第6章

外国語でコミュニケーションすること

● プロローグ

　米国に留学したばかりのときのこと。教室で、先生の話すスピードがとても速く、ついていけない状態でした。それはまるでどんどん投げられてくる球をキャッチできないまま、あちこちにこぼしていたような状態でした。当然そのこぼした球を拾う余裕もなく、また次から次へと単語の球が飛んでくる……。そういう状態で、とてもみじめに思ったものでした。でも、いつのまにか時間がたつにつれ、だんだんゆっくりと球が投げられてくるように感じ、少しずつ自分で一つ一つキャッチできるようになりました。そして、人とキャッチボールをする余裕ができ、だんだんとそれが楽しくなっていきました。

　外国語に触れるとき、最初はとても速く感じられたりするものです。外国語でコミュニケーションするということはどういうことでしょうか。一緒に考えてみましょう。

● キーワード

外国語　コミュニケーション　異文化性
複言語・複文化能力

1 伝えられないもどかしさ

　外国語でコミュニケーションするということはどういうことでしょうか。
筆者の外国での留学生活は、まず「外国語でコミュニケーションすることの
難しさ」を体験することから始まりました。「感謝の気持ちを通り一遍の方
法でしか表すことができない」「相手の言っていることを理解できないこと
がうまく伝えられない」「言葉の持つきつさのせいで、温かさがなかなか理
解できない」「せっかく知り合いになろうとしても、どのように会話を始め
たり、続けたりしていいかわからない」などのもどかしさです。

　お世話になった相手に普通の言い方よりももっと強い意味で感謝の意を述
べたいとき、困っていることや悲しみを伝えたいとき、緊急の際に相手に助
けを求めたいときなど、状況や心情に合った表現が見つからず、もどかしい
と感じたことがありました。それまで教科書で習った表現では限界があるの
に気づき、自分の持つ表現力の乏しさを実感したのです。また、生きた言葉
の持つ温かさを生活して初めて味わうことができた経験もありました。例え
ば、留学中に家族が病気になり、心配していた時期がありました。手紙を片
手に心配している筆者を気遣って、ルームメートが "I am very sorry for
you." と言ったのです。この表現は、教科書によく出てくるいわゆる「ごめ
んなさい」という意味ではなく、「本当にあなたに同情するわ」という意味だっ
たのです。それは、それまで教科書では学ぶことのなかった、生活してみて
初めて実感した思いやりのある温かい言葉でした。

　また、言葉のきつさがわからず恥をかいたこともありました。ルームメー
トが、ときどき面白くないことがあったり何か失敗したりすると、部屋に戻っ
てきて汚い罵り言葉で独り言を言っていることがありました。その独り言
を幾度となく聞いていた筆者は、ある日、郵便局で相手とのやりとりで失敗
したときに思わずその言葉を発してしまい、郵便局員の女性に「そんな言葉
をこんなところで使っちゃだめよ！」と注意されたのです。そのときの筆者
にとってラッキーだったのは、不適切な使用を注意してくれる人が周りにい
たことでした。外国語であると、言葉の持つきつさや温かさに鈍感になって
しまうのは落とし穴だと言えるでしょう。

　また、特に独り言の表現の中には、丁寧でない表現が含まれている場合が多くあります。例えば日本語を学んでいたある女子学生が、「そうか」という言葉を口癖のように会話の中で使っているのを目にしたことがあるのですが、その使い方がどことなく不自然で丁寧ではないように感じたことがありました。独り言であれば不自然ではないのですが、相手に向かって言うときには丁寧ではない表現はいくつか見られます。このように「母語話者にとって何が丁寧で何が丁寧でないか」を非母語話者が理解するためには、その状況で何度か失敗を繰り返し、そうして初めて身に付くものであると言えると思います。

　また、わからないときにどのように相手に尋ねるのか、聞き返せばよいのかについての表現が不足しているために、ついわからないままにしてしまい、ストレスがたまったこともありました。日本語で言えば、「えっ、何て言ったっけ」「その意味がわからないんですが」などの表現です。こうした表現が自由に使えると、さらに相手から情報が得られ、新しい語彙を学ぶことができ、同時にストレスも少なくなります。したがって、このような表現を自由に使えるかどうかが、新たな語彙や表現を増やせるかどうかの一つのカギであると言えるのではないかと思います。

　また、人間関係を築くきっかけとなる表現の重要性も、外国で生活してみ

て初めて気がつきました。例えば、米国でよく体験したのは、初対面の相手に対してや、相手と会ってすぐのあいさつがわりに、相手の着ている服装を具体的に褒める表現を使うことでした。「あら、そのセーター、私も好きよ」「その緑のペンダント、すてきね」などです。最初はこのような表現で話し掛けられても、どのように相手に答えたらいいのか戸惑いましたが、この表現に慣れるに従って、この表現は相手との人間関係を築いていく一つのきっかけであることに気づきました。そう気づくと同時に、自分自身も積極的にその表現を相手に対して使ってみようという気持ちに変わっていきました。このような使い方を知ることによって、さらに人間関係を広げていくことができるようになったのです。

　私たちは、母国で母語を話す環境にいると、ともすれば「母語で話す環境」を当たり前のこととして受けとめてしまい、「外国人として外国語で話す」ときの難しさに鈍感になりがちです。これは日本語教育を行う者にとっての一つの落とし穴ではないでしょうか。外国語で話すときのストレス、もどかしさを、知識としてではなく、肌で感じ、理解することは日本語教育を行う人にとって最初のステップではないかと思います。

❷　「異文化コミュニケーション」とは？ ―異文化性は会話の中でつくられる

　異文化コミュニケーションというと、例えば、日本人と外国人のように国籍の違う人同士のコミュニケーションのことを指すのでしょうか。外国語で話す人と母語で話す人のコミュニケーションが異文化コミュニケーションなのでしょうか。

　ここでエスノメソドロジストによる会話のとらえ方を紹介しましょう（西阪 1997、好井他 1999）。西阪らの会話のとらえ方は、一瞬一瞬変わっていく会話の相互行為そのものの中に**異文化性**がつくられていく、というものです。

　次の会話を見てみましょう。この会話を見て、だれが会話をしていると思いますか。

　A「どんなことが趣味ですか」
　B「バドミントンです。マレーシアでは、みんなこのスポーツをよくや
　　　ります」
　A「そうですか」

　この会話を見ると、おそらくマレーシア出身の人と、それ以外の人という予想がつくのではないでしょうか。これは、Ｂさんが、「マレーシアでは」と発話することによって、「マレーシア出身の人がマレーシア出身ではない人に説明する」という会話の状況の中で異文化性がつくられている、というケースと言えます。しかし、この異文化性は固定しているとは限らず、会話の状況の中で変化していくと考えられるでしょう。上の会話の続きを見てみましょう。

　B「あなたはスポーツをやりますか」
　A「え？　私ですか。ええ、ダンスを最近始めたばかりで、結構面白い
　　　です。男の人はあまりやらないかもしれないけど、どうですか」

　この部分を読んで、あなたはどんな人が会話をしていると思いますか。実は先ほどの会話の続きなのですが、ここでは、Ａさんが「男の人はあまりやらないかもしれないけど」と言って「女性が男性に対して説明している」状況をつくり出すことによって、女対男という異文化性をつくり出しているのです。
　このように考えると、異文化コミュニケーションとは、「外国人」と「日本人」あるいは「男性」と「女性」が話しているから異文化コミュニケーションなのではなく、刻々と変わる会話の状況そのものの中で「異文化性」がつくり出されると言うことができるでしょう。もちろん、外国語を話す人と母語を話す人で会話していても、全く異文化性のない会話をしている場合もあるでしょう。
　このような視点から、日本語教育の現場や日常的な会話（雑談をするとき、物を買うとき）などさまざまな会話を注意深く観察すると、さまざまな発見

があるのではないでしょうか。

❸ 複言語・複文化能力とは

　現在、国内では生活者としての外国人が増加しつつあります。複数の言語を話す人々が増えていく中、どのようにコミュニケーション能力をとらえていけばよいでしょうか。ここでは、欧州評議会の**複言語・複文化主義**と**複言語・複文化能力**について見ていきましょう。まず、複言語・複文化主義の考え方では、複数の言語を使用する人を Social Actor（社会的行為主体）ととらえていることが特徴として挙げられます。

　欧州評議会（Council of Europe 2002）では、複言語・複文化主義について次のように述べています。

> 個々人の言語体験は、その文化的背景の中で広がる。（中略）しかしその際、その言語や文化を完全に切り離し、心の中の別々の部屋にしまっておくわけではない。むしろそこでは新しいコミュニケーション能力が作り上げられるのであるが、その成立には全ての言語知識と経験が寄与するし、そこでは言語同士が相互の関係を築き、また相互に作用し合っているのである。（Council of Europe（欧州評議会）2002（吉島茂・大橋理枝他訳『外国語教育Ⅱ　外国語の学習、教授、評価のためのヨーロッパ共通参照枠〈追補版〉』）、p.4）

　ここではコミュニケーション能力をすでに「あるもの」としてとらえているのではなく、「作り上げられるもの」として動的にとらえています。また、一言語の能力としてとらえるのではなく、複数の言語同士の相互作用によってつくり上げられるというとらえ方をしています。

　欧州評議会（Council of Europe 2002）では複言語・複文化能力について「コミュニケーションの目的に応じて言語を使い分けたり、異文化間の相互行為に参加できる能力。複数の文化の経験や言語の中でさまざまな程度に

変化させることのできる力」としています。また、欧州評議会はさまざまな
状況の中で言語を使い分けることについて以下のように記しています。

　　いろいろな状況の下で、同じ一人の人物が特定の相手との対話で効果
を上げるために、その能力の中から一定の部分を柔軟に取り出して使う
こともする。例えば、対話の当事者たちは会話の途中で言葉を別の言葉
に変えることもあるし、方言を使い出すこともある。互いに、自己をあ
る言語で表現し、また別の言語を理解することができる能力を利用する
のである。(Council of Europe（欧州評議会）2002、前掲、p.4)

　例えば、Kさんという人が日本のある地域に住んでいたとしましょう。彼
女はタガログ語、日本語、英語を話します。家庭では夫とは主にタガログ語、
子どもとはタガログ語の他に日本語を少し交えて話します。買い物や役所で
は日本語を少しと英語を話します。日本語は聞く、話すことは大丈夫ですが、
書くことは十分ではありません。必要に応じて買い物では話す、聞くという
部分を日本語で行っています。しかし、役所の手続きで日本語を書いたり子
どもの学校からの連絡文書を読んだりするのは不十分なため、ときどき支援
員の方に通訳のサポートを受けています。また同郷の友人とはメールでタガ

ログ語や方言を使いやりとりをしています。また日常のいろいろな場面で一つの言語だけではなく別の言語に切り替えながら話すときもあります。Kさんの言語能力はタガログ語、日本語、英語の4技能（話す、聞く、書く、読む）がすべて完璧というわけではありませんが、さまざまな状況の中で言語を使い分けたり切り替えたりしながら相手とのやりとり（相互作用）に参加しているのです。

　また、外国にルーツを持つ支援員のBさんは、小学校で子どもに支援をしていますが、「喧嘩などのトラブル」や「正確に伝える必要がある内容」の場合には母語を、雑談のときは日本語を使っていると言います（徳井2014）。このように同じ相手でも場面や目的によって複数の言語の使い分けをしている場合も見られます。

　西山（2010）は、複言語能力について、「話者は、複数の言語を使用するにせよ、複数の言語にわたって均等な言語能力を持っているのではなく、それぞれ異なる、部分的能力を持つことが一般的である。ある言語について聴解力はあるが、口頭表現の劣ることや、またある言語では特定の話題についてのコミュニケーションを行うことができるなど、人間の複言語能力全体は不均衡な状態である」と述べています。複言語能力は、従来の、4技能の程度が同じですべて完璧にできなければならないという言語教育のとらえ方や、静的な能力観とは異なっていると言えるでしょう。

　複数の言語を使用する人たちは今後ますます増えていくでしょう。こうした中、複言語・複文化能力の考え方は言語能力とは何かを考える上で示唆に富んでいるのではないかと思います。

📖 column……コラム

▶ 外国語で話すこととは

コラム1　言いたいことが言えない

　ネウストプニーは、「外国語で話すこと」について次のように述べています。

　外国語の話し手は、自分が伝えたいと思う内容とは異なることを伝えていることに気がつき、しばしば絶望感を覚える。私自身にももちろんこの経験はあるが、それを繰り返すたびに、相手に申し訳ないことをしたと考えると同時に、自分自身について強い不満を持つ。英語や日本語ではこの場面で冗談、あるいは皮肉を言うとか言わないとか、知識としては知っていても、実際にその場面で冗談を言ったり、あるいは、おさえたりすることはむずかしい。この問題は、外国語を使う場合に、ある発音をしなければならない、あるいは、ある発音の間違いを避けなければならないことを知っていても、その発音が実際にはなかなかできないのとまったく同じ性質の問題である。（J.V. ネウストプニー（1982）『外国人とのコミュニケーション』岩波新書、p.56 より）

コラム2　コミュニケーション不安

　コミュニケーション不安（Communication apprehension）とは、「実際および予想の対人コミュニケーションに対する不安、もしくは恐れ」（マクロスキー McCroskey, J.C. 1982）とされています。クロフとキャンブラ（Klopf & Cambra 1979）によると、日本人のコミュニケーション不安は常に高い数値で、韓国人、中国人は低く、米国人と大差ないと報告されています。筆者が担当していた多文化クラス（メンバーは日本人学生、韓国人学生、中国人学生）で、自己のコミュニケーション能力について自由記述式の評価を行っていますが、この評価を分析した結果、日本人学生の場合は肯定的な評価が39％、否定的な評価が61％であったのに対して、留学生の場合は肯定的な評価が66％、否定的な評価は34％であったことがわかりました（徳井 1999）。なんと日本人学生は母語を話しているにもかかわらず、外国語である日本語を話している留学生よりもコミュニケーション不安が高かったのです！

▶ 丁寧さの違い

コラム3 何が丁寧か —ポライトネス理論

　ポライトネスとは、人間関係を円滑に保つための言語ストラテジー（方略・手段）のことです（Brown & Levinson 1987）。一般に丁寧というのは言葉遣いが丁寧ということや敬語が多いこととととらえがちですが、何が丁寧かということは言語文化、そのときの状況にもよります。例えば、とても忙しい人にメールで問い合わせをするとき、最初に長々と丁寧なあいさつを書いてから「ところで、先日お話しした件ですが、どうなりましたでしょうか」と書くよりも、「先日お話しした件はどうなりましたでしょうか」と単刀直入に切り出したほうが、その読み手にとっては気持ちのよい場合が多いでしょう。また、急いでいて時間がない人（例えばマラソンの応援など）に「どうかがんばってくださいね」と言うよりも「がんばって」とひと声かけるほうが、ずっと状況に合っている場合もあるでしょう。一見丁寧に書けば（言えば）それがポライトであるというのではないのです。

✎ voice……声

助けたつもりなのに……言葉の話せない悔しさ

💬 日本に来て大学に入る前のこと、ある日お店に買い物に行ってお店から出たところ、出口のそばに自転車がたくさん置かれていました。私は簡単にその間を通れたのですが、後ろを歩いていたおばさんが通れなさそうだったので、そこにあった自転車を別の場所に移して早く通れるようにとしたのですが、そのおばさんに「ひどいですね。自転車をここに置いたなんて」と叱られたんです。私はそのとき、本当に悔しかったです。自分の自転車ではないけれど、ただ助けてあげようと思って移したんです。でも私は何も言いませんでした。なぜなら、日本語があまり話せなかったし、それより日本人の気持ちがよくわからなかったから。あまり雄弁になるのはいけないかと思って黙って道を歩いていきました。（中国）

あれっ、改札機が……！

- 日本に来たばかりのとき、日本のいろいろなことをあまり知りませんでしたので、好奇心というより恐怖心のほうが強かったです。

- 来日2日後、日本語が全然わからなかったときのことです。新宿駅を出るときに切符を自動改札機に入れたら、改札機がトンッと閉まってしまいました。「どうして？　出られない」。多分さっき切符を買うときに間違ったと思いました。不安感ももっと強くなってきました。「どうしよう」。駅員さんに捕まったらどうすればいいかと思って30分もたちました。最後に思い切って駅員さんのところに行きました。駅員さんの話はわかりませんでしたけれども、足りないお金を払うことがわかりました。改札口を出たとき、汗がたくさん出てきました。（中国）

「おっさん」の意味は？

- 日本に来て1年たち、日本語を学ぶようになってだいぶうまくなってきたと思ったころ、ある日公園で遊んでいる子どもたちを見ながら近くで休んでいた私に一人の子どもが言った。「おっさん、そのボールとってくんない？」。一瞬、意味がわからなかった。それより「おっさん」は自分を意味するのかどうか気になっていた。私がぼうっとしている間にその子はボールを取って去った。しかし、その言葉がわからなかったことは私にとってはショックで、壁にぶつかった気持ちだった。教科書の日本語とは違う日本語がたくさんあると気づいた。（中国）

日本語で話してストレスがたまるときは？

- 会話が通じるかどうかわからないから、ちょっと困ります。わからないときに、わからないという表情をしないので、よけいわからない。もう少しわからないことがわかる表情をしてほしい。

- 自分の間違いを指摘してくれない。

- 日本人は意見を出すのは遅い。「はい、いいえ」をはっきり言わない。「〜にしよう」と言うのではなくて、「〜にしたらどうか」「じゃないかと思うんだけど」という言い方しかしない。日本人と決定するとき、あまりはっ

きりしない。ぐずぐずして結局うまくいかないときもある。

- 日本人は礼儀正しいとよくいわれているが、それを日常生活に生かして人と接するときも表れている。相談するときもぴんとこないで遠回しにする習慣があるせいで時間が無駄になってしまう。もっと直接に言ってほしい。
- 日本人と話すときストレスがたまる。特に自分の言い方が正しいとか間違っているとかいつも考えている。相手がだまっているときどういうふうに話を続けていいか困っている。
- 日本人の意見を聞きたいとき、日本人はあまり口に出さず他人の意見を待ち、合わせるしかやってくれないことに気づいた。
- 相手が自分の意見を考えずに自分で決めたとき。
- わからないとき何度も話すのはストレス。
- 目上の人と話すとき尊敬語を使って話すのはとても心配している。
- 相手が方言を使うときや、あまりわからないとき、相手が私の言葉をわからないとき。
- 自分の行動、言い方が失礼と思って「すみません」「ごめんね」と言ったら相手が「なんで謝るの?」「あやまらなくていいよ」と言ったとき。
- ちょっと年上の人と話すとき、相手の話が聞き取れなくてストレスを感じた。
- 考えていることが出ないとき。
- 話したくないけれど話さなければならないとき。
- 誤解されて、正しく説明しようと思っても難しいとき。
- 伝えたいことがうまく伝えられないと心配するとき。

「日本人と話していて安心して話せるときは?」

- 仲間と話すとき。間違っても大丈夫なので安心して話せる。
- 日本人から質問されて、「正直に答えてください」と言われたときです。
- わかりやすく話してもらえるとき。
- 英語と日本語が話せる人と話すとき。
- 相手が親切でよく自分の気持ちをわかってくれるとき。
- 日本語ができて自信がついてきたとき。

- 自分の言いたい言葉が全部出てくるとき。
- 年齢の近い若者や子どもと話すとき安心する。
- 自分がそんなに下手ではないとわかったとき。

🔍 case……事例

ケース 1　俳句の授業から —言葉と向き合う・自己と向き合う

　筆者は、留学生に対して俳句の授業をしたことがあります。「えっ？　母語話者じゃないのに俳句なんてつくれるの？」と思う方もいらっしゃるかもしれません（筆者も最初はちょっと無理な試みかと思っていました）。ところが、つくらせてみると、皆、生き生きとした句をつくるではありませんか。留学生の場合、異国での生活が周りのさまざまなものに接することにより、敏感になっているということ、言葉と（既成の意味にとらわれずに）純粋に向き合っているということを発見しました。留学生たちのつくった作品を紹介しましょう（徳井 1997）。

　　蝶々や　花から花へ　恋をする
　　赤トンボ　楽しいこども　ネット箱
　　お寺では　除夜の鐘を　つきおわり
　　話してや　冬空の月　母の顔
　　山みえず　淋しい信濃　風の声
　　山の歌　楓が踊り　秋を飲む
　　会いたくて　ふるさとの友　寒い空
　　落ち葉舞い　ひとり異国に　わび住まい
　　父の顔　思い出させる　雪だるま
　　アルプスや　立ったり寝たり　美人のごとく

　母国の友人や親を懐かしむ気持ちや自分自身をとりまく自然の描写が生き生きと表されています。俳句をつくることは異国での自己と向き合うということも意味しているのではないでしょうか。

🖊 Let's practice……実践してみよう

❶ 「体験してみよう：母語で話すこと・外国語で話すこと」

目的：外国語で話すときと母語で話すときの、ストレス、不安の違いを体験する。

方法：次の絵を見ながら、ストーリーを作ってください。初めに、外国語でやってみてください。次に母語でやってみてください。説明の仕方はどのように違いますか。振り返ってみましょう。

Mizuho. S

❗ 外国語で絵を手がかりに話してみると頭の中で描いているさまざまな状況や感情を細かくいうことが母語ほどうまくいきません。実際に体験することで非母語話者の心境を理解することができます。

② 「外国語でのロールプレイ」

目的：外国語でロールプレイをすることによって、外国語を話すときの心理
　　　　を体験する。

方法：次のロールプレイをしてみましょう。

A

Role: You are a university student and now looking for a part time job. You can spend 3 days (Thursday, Friday and Saturday) for working. You have free time between 4:00pm-8:00pm on Thursday and Friday, and 10:00am-5:00pm on Saturday. You want to become an English teacher in future. You are good at English, but poor at mathematics.

B

Role: You are looking for a student teacher for helping your daughter's study. She is 15years old, and now preparing for high school exam. She is poor at English and mathematics. She needs to study harder these two subjects. She usually come back from school 5:00pm during week days (Monday through Friday). She belongs to basket ball team, so she needs to practice on every Saturday until the end of August.

!　母語以外の言語で話すときに不安になりますが、どのように伝えたらいい
　かさまざまな方法を考えます。ここでは非母語話者の気持ちを実際に味わっ
　てみましょう。

---

③ 「外国語を学ぶ難しさを体験してみよう」

目的：語順などが日本語と異なった言語を母語とする学習者が外国語を学ぶ
　　　　際の難しさを体験する。

方法：① 自分の言いたいことを、動詞・名詞・形容詞だけで伝えてみましょ
　　　　　う。その後で普通に話すように話してみましょう。どのような違

いがあるか振り返ってみましょう。

② 自分の言いたいことを、主語・動詞・目的語の語順にして日本語で伝えてみましょう。

> ❗ 外国語を学ぶということは語順の異なる言語の場合、語順そのものも変換していく必要があります。ここでは、語順に焦点をおき、母語と異なった語順で話してみるという実践を行います。

❹ 「初めて聞く言葉は？」

目的：初めて外国語に接するときの心情を知る。

方法：習ったことのない言語の母語話者に、30秒スピーチをしてもらいます。それを聞き、どのような心情であったか振り返ってみましょう。

> ❗ わからない言語を聞くときに、自分の心情、時間の感覚、相手への感情などどうなっているでしょうか。またどのように意味を推測しようとしているでしょうか。この実践を通して考えてみましょう。

❺ 「外国語で相談してみよう」

目的：外国語で相談する場面を体験する。

方法："It's very difficult to say, but" の後に英語で文章を続けて言いましょう。次に「ちょっと話しにくいことなんだけれど……」の後に日本語で文章を続けて言いましょう。

> ❗ 外国に住んでいると、さまざまな相談をする場面に出合います。外国人相談者の立場や心情はどうなのでしょうか。考えてみましょう。

第7章

非言語コミュニケーションを考える

● プロローグ

　中国で日本語を教えていたときのことです。授業が終わって、本やノートなどを片付けていると、一人の学生が質問をしに来ました。筆者はいつものように答えたのですが、相手が一歩近づいてきたのです。筆者は相手との距離がとても近すぎると感じたので、一歩後ずさりして答えました。ところが、また一歩近づいてきたのです。結局、筆者は黒板にぶつかってそれ以上は動くことができなくなってしまいました。

　後から考えてみると、どの程度の距離が相手と話すときに心地良いのか、その学生と筆者との間で異なっていたのです。おそらく相手の学生にとっては、筆者が距離をおいて話そうとするのに対して、よそよそしく感じたのではないでしょうか。

　このように、「コミュニケーション」とは、言語を使う場合だけではなく、距離の取り方も一種の「コミュニケーション」なのです。ここでは、言葉を使わないコミュニケーションについて考えてみましょう。

● キーワード

非言語コミュニケーション　空間　時間

1 相手に伝わる？ —言葉を使わないコミュニケーション

　相手とちょっと離れた距離で話す。握手をする。視線を交わす。ほほ笑む。私たちは日常生活の中で実に多くのメッセージを「言語ではない部分」で伝えています。相手に近づくことで親密な意味を込めたり、ちょっとした視線で相手への気遣いを示したり……。コミュニケーションといえば言葉を使う場合ばかりであると思ったら大間違い。実は私たちのコミュニケーションには、こうした言葉を使わない非言語コミュニケーションも大切な役割を果たしているのです。**非言語コミュニケーションの定義**は、「コミュニケーションの場における言葉による刺激を除いたあらゆる刺激—人間と環境の両面から生ずるもの—を含む。それは、メッセージの送り手や受け手にとり内在的な伝達価値を持つものである」（サモーバー他 1983）とされています。

　私たちは、日常生活の中で、どのくらい非言語によるコミュニケーションを行っているのでしょうか。ちょっと想像してみてください。実は、なんと70％近くのメッセージが非言語でなされていると言われています（ただ、これにはいくつかの説があり、バードウィステルの調査によれば65 〜 70％、メラビアン・ウィナーの調査によれば93％にも及ぶ、とされています）。実に多くの部分を非言語に頼ってコミュニケーションしているのです。特に言葉のわからない状況の中で初めて生活するときは、言語メッセージが通じない分、ここに示された数値よりもずっと多くの部分を非言語のメッセージに頼っていると言えるでしょう。筆者は中国で生活を始めたとき、最初は言葉がほとんどわからなかったため、多くのコミュニケーションを非言語メッセージに頼っていました。ドラマ、ニュースなどを見ていても、登場人物の表情や身振り、イントネーションを敏感に観察していました。「この主人公は昔を懐かしむような表情をしているなあ」とか、「ちょっと寂しそうな歩き方をしているなあ」とか、想像をふくらませながら見ていたものです。今思えば、日本にいるときには気にも留めなかった細かい表情まで敏感に観察していたように思います。顔の表情、身体動作、イントネーションなど、母語で話しているときよりも非言語のメッセージに頼る比重はずっと高かったのです。おそらく日本語をほとんど勉強しないまま日本に来たばかりの留学

生も、同じではないでしょうか。また、教室内での学生とのコミュニケーションも非言語に頼っている面が多いのではないでしょうか。筆者はある日本語の授業で、学生から「わからないところでもう少し詳しく説明してほしかったのに気づいてもらえなかった」と言われ、ショックを受けたことがありました。その学生の「わからない」という非言語メッセージを読み落としてしまっていたのです。その学生がわかるような表情やしぐさで聞いていたと思い込んでいたので、ついわかっているものだと決め込んでしまったのでした。

　ところで、もしコミュニケーションが言葉だけで行われるとしたらどうなるでしょうか。例えばメールの場合を考えてみましょう。「それでいいんじゃないですか」という文を見たら、あなたは相手がどんな表情で、どんな感じで言っていると思いますか。怒っている様子？　優しく相手に同意している様子？　自分の意見を主張している様子？　あきらめている様子？　どれにもとれますね。もし表情やイントネーション、身振りなどがわからなかったら、相手がどんな感じで伝えているのかわからず、勝手に解釈して相手を誤解してしまう場合もあるかもしれません。こう考えると非言語コミュニケーションは私たちのコミュニケーションの中で重要な役割を果たしていると言えるでしょう。

2　非言語コミュニケーションの種類

　非言語コミュニケーションにはどのような種類があるのでしょうか。これに関してはさまざまな説（p. 136「コラム2」参照）がありますが、ここでは、**ジェスチャー**、**パラ言語**（言いよどみや沈黙など）、**空間**の3つに分けて見てみましょう。

　まず、ジェスチャーですが、これはいろいろなルールがあります。筆者が中国に住んでいたとき、買い物に出掛けて指で卵の個数を示して買おうとしたところ、全く違っていて戸惑ったことがありました。中国では片手で10までを表すのです。自分のことを指すのに日本ではよく鼻を指すことがありますが、この動作は必ずしもどこでも通じるとは限りません。ただ鼻を指し

ていると思われる場合もあるでしょう。また、ある動作がタブーとなる場合もあります。例えば、タイでは、子どもの頭の上には神様が宿っているとされ、絶対に触ってはいけない、とされています。子どもに「かわいい」と何気なく頭をなでる動作は日本では不思議でもなんでもないのですが、その何でもない動作がタブーの場合もあるのです。また、靴の底を相手に見せるのは特に気に留めない動作のようですが、実はアラブ圏の国では、相手を侮辱してしまうのだそうです。無意識に足を組んで相手に靴の底を見せていて不快な思いをさせている場合もあるかもしれません。

　次にパラ言語を見てみましょう。パラ言語には、言いよどみや、ポーズ、沈黙などが入ります。「えーっと、まあ、そのようなことに関しましては、あの、ちょっと賛成しかねるんですが……。うーん、困りましたねえ……」というような発話は、実際の会話ではよく見られます。声の質や出し方も、時と場合によって異なっていますね。例えば、ちょっと悩みがありそうな学生に、「何か悩みがあるの？」と言うとしましょう。高い声で言うのか少し低い声でいうのか、早口で言うのかゆっくり言うのか、少し間を取りながらいうのかで、だいぶ相手に対する印象が違うでしょう（ちょっと試してみてください）。どんな話し方をしたらその学生は悩みを打ち明けそうでしょうか。このように、どんな話し方をするのかも私たちのコミュニケーションに重要な影響を与えているのです。

　さらに距離や空間について見てみましょう。エドワード・ホール（Hall, E. 1970）は、距離を次の4種類に分けています。①親密距離（intimate distance）、②個人的距離（personal distance）、③社会的距離（social distance）、④公的距離（public distance）です。親密距離は 15 ～ 45cm ぐらいで、親子や夫婦の間で交わす距離。個人的距離は 45cm ～ 1m20cm で、路上でばったり会った友人同士が個人的会話を交わす距離。社会的距離は 1m20cm ～ 3m50cm で、ビジネスや格式ばった社交に使う距離で、普通よりやや大きめの声で個人的ではない話題を取り上げる場合の距離。公的距離は講演、講義、演劇などに使われる距離としています。相手との距離が適切ではなかったら、とても不快な思いをしてしまいますね。例えば満員電車の中やエレベーターの中など、相手と近づきすぎていやな気持ちになったこと

があるのではないでしょうか。皆さんは、教室でもし隣同士に座るとしたら、最低どのくらいの距離が隣の人との間に必要だと思いますか。多分ひじを動かすくらいの距離は必要でしょう。動物行動学者のモリス（Morris）によれば、「ひじを動かせるだけの余地は人間の動作にとって生きるために必要であり、もしそれが侵されると深刻なトラブルになる」としています（鍋倉他 1990）。また、エジプトの故サダト大統領は会談をするときによく相手のひざをさすりながら話をした、というエピソードを聞いたことがあります。彼は相手に対して親密、友好を表していたのかもしれませんが、あまりにも相手が近づいてきてびっくりした人もいるのではないでしょうか。

　また、空間の使い方も非言語コミュニケーションの一種です。中国に住んでいたときのこと。住んでいた部屋に 2 つの椅子とテーブルが置かれていたのですが、椅子は向かい合わせに置くのではなく、横に並べて置いてありました。筆者はそのような並べ方だと相手と視線を合わすことができないため、とても不安に感じたものでしたが、中国人にとっては必ずしもそうではなかったようです。椅子の並べ方一つとってみても、一つの非言語コミュニケーションなのです。空間の使い方を工夫している会社も見られます。ある会社では、ブレーンストーミングを行う部屋をとても明るく、丸いテーブルとさまざまな色の椅子を置いていました。以前、テーブルを真ん中に穴のあいているドーナッツ型にしたところ、アイデアがまとまらず、穴をふさいだところ、一体感が出てアイデアがまとまるようになったとのことです。また、意思決定をする部屋は細長い流線型の机がおかれ、皆の顔が見えるよう工夫がされていました。これは会社の例ですが、教室や交流会の場所などさまざまな場所でも空間の工夫をすることでコミュニケーションが促進するのではないでしょうか。

3　教室内での非言語コミュニケーション

　学生に接していると、何気ない非言語行動に重要なメッセージが含まれていることがあります。こんなことがありました。授業の終わりに、ある学生

が質問するために話し掛けてきたのですが、どうもその質問の内容そのものは大して重要ではなさそうです。話を聞いているうちに、何か助けを求めているような視線を投げ掛けているのに気づきました。彼女は、質問すること自体が目的で話をしに来たのではなく、相談したいことがあり、そのきっかけをつくるために、質問をしに来ていたのです。このようにちょっとした非言語コミュニケーションで相手に重要なメッセージを送っている場合があるかもしれません。

　教室内での非言語コミュニケーションについてはどうでしょうか。教室内ではどのような空間で学生たちとコミュニケーションをしているでしょうか。ちょっと教室の様子を思い浮かべてみてください。椅子の位置は？　机の並べ方は？　お互いに顔は見えるでしょうか。質問に来た学生との距離は？　相談にのるときの距離は？　教師にとっては個人的距離でも学生にとっては親密距離だったり、その逆だったりしたことはないでしょうか。また、学生にペアワークをさせるときの教師の位置も学生の意識に影響を与える場合があります。近い場合は教師が関与している度合いが高いですが、離れると教師に関与されず学生自身が自主的に行うように変化していく傾向があるのではないでしょうか。

　参加者一人ひとりのプライバシー空間はどうでしょう。教師の位置は？立っている（あるいは座っている）高さは？　ちょっと振り返って考えてみてください。実は、こうした空間の使い方は教室内でのコミュニケーションに影響を及ぼしているのです。どのようなコミュニケーションを行いたいのか、どんな授業を展開していきたいのかによって空間の使い方を工夫してみる必要があるのではないでしょうか。机があるのとないのとではどう違いますか。全員の顔が見えるのと、見えないのとではどう違うでしょうか。

　また、私たちが無意識にしている身振り、手振り、視線の動かし方、歩き方、姿勢、ほほ笑みなど、なかなかふだんの生活の中では意識されにくいものです。教室内での自分の動きをビデオに撮って、自分自身がイメージしているより速い動きをしているのに、はっとしたことがありました。あらためてビデオで見てみると、自分自身の姿勢、動き方の癖に気づいたりします。学生たちのほうを均等に見ているかどうか、手振り、身振りは大きすぎない

か、小さくないか、歩き方のスピードはどうかなど、自分自身の身体動作を
ビデオに撮ってみて、観察してみてはいかがでしょうか。日本語教師の方か
ら「自分は身振りが大げさだとよく学生から言われる」と何度か聞いたこと
があります。身振りが大げさになってしまうのは、日本語教師の一種の非言
語的特徴なのかもしれません。皆さんはいかがでしょうか。

　また、声の質、出し方、言いよどみ、ポーズ（短い沈黙）、沈黙なども、
無意識に癖が出がちですが、これも自分自身の声を観察してみるとよくわか
るでしょう。授業中、機関銃のようにしゃべりまくる教師をときどき見掛け
ることがあります。しかし、相手が理解できるようなスピードで話すことは
もちろん、うなずき、ポーズ、沈黙なども理解の助けになるということも知っ
ておく必要もあると思います。あなた自身は外国語を聞くとき、どのような
話し方だと聞き取りやすいでしょうか。単にゆっくり話す話し方より、適度
なポーズ、沈黙やリズムがあったほうが聞き取りやすいのではないでしょう
か。また、単に大きな声よりもよく通る声のほうが聞きやすいでしょう。学
習者が何か言いかけたり、考えたりしているときなどの沈黙も大切でしょう。
自分自身のパラ言語についても一度振り返ってみてはいかがでしょうか。特
に初級学習者の場合、言葉がわからないだけに、教師の非言語コミュニケー
ションは学習者の理解に大きな影響を及ぼすのです。

column……コラム

▶ 非言語コミュニケーションの理論

コラム1　非言語コミュニケーションの5つの機能

　サモーバー他（1983）は、非言語コミュニケーションには次の5つの機能
があると述べています。①第一印象に影響を与える、②お互いの関係を示すメッ
セージである、③感情を表す、④自分自身を表現する一方法、⑤他人の感じ方
や学び方に影響を与える、です。例えば私たちは、さわやかな笑顔を持ってい
る人に好感を持ったり、あまり話をしたくない人からは距離をおいたり、うれ
しさを顔に表したりしています。こうしたことは、無意識に日常行っているも

のですが、それぞれが非言語コミュニケーションの機能を表しているといえます。

コラム2 　非言語コミュニケーションの種類

　東山（1993）に従うと、非言語コミュニケーションは大きく分けて、次の3つになります（橋本他 1993）。

　まず、バードウィスティル（Birdwhistell）が提唱した身体動作学（Kinesics）が挙げられます。これは身振り、手振り、顔の表情、視線の動かし方、姿勢、身体的接触、歩き方等の身体の動きを扱っているものです。次にトレーガー（Trager）によって提唱された準言語学（Paralinguistics）が挙げられます。これは声の質や出し方、笑い声や泣き声等の表情音声、言いよどみやポーズ、沈黙等を扱っているものです。そして、ホール（Hall, E.）が提唱した近接空間学（Proxemics）が挙げられます。これは、空間、時間を扱っているもので、人と人が会話をするときの距離、なわばり意識、座席の位置、身体の向き、群衆の中での空間関係等を扱っています。

コラム3 　言語コミュニケーションと非言語コミュニケーションの違い

　言語コミュニケーションと非言語コミュニケーションは、どこが違うのでしょうか。サモーバーは、両者の類似点と相違点を次のように挙げています。まず、類似点としては、双方とも文化的に決定された記号体系を用いていること、記号化という過程が適用されていること、送り手が出す記号、表現に受け手は意味を見いだしていることが挙げられています。相違点としては、言語コミュニケーションでは、文法などの規則に支配されていること、集団内でのみ通じること、同時には表せないことが挙げられています。一方、非言語コミュニケーションでは、生理的要素に支配されていること、国際間、異文化間、各人種間の言語として用いることができること、同時に多数の出来事を表すことができること、感情に訴えやすいことを挙げています。このように言語、非言語コミュニケーションには類似点や相違点が存在しています。

▶ 時間のとらえ方の違い

コラム4　MタイムとPタイム —あなたはどちら？

　ホール（Hall, E. 1983）は時間を**モノクロニック時間**（Monochronic Time：Mタイム）と**ポリクロニック時間**（Polychronic Time：Pタイム）に分けています。前者は時間を厳守しますが、後者は時間厳守より人間関係を重視する傾向があるとされています。Mタイム優先の文化では、ある時間に一つのことだけを処理しようとするのに対して、Pタイム優先の文化では同時にいろいろなことをしようとします。

　例えば、ある会社で、いくつかのプロジェクトを任せられたとしましょう。Mタイムの人のグループは、一つずつプロジェクトを片付けていく方法をとるでしょう。一つのプロジェクトに従事しているときはそれ以外のことには手をつけず、目的に達したら次のプロジェクトへ、と進んでいくでしょう。それぞれメンバーには分担が与えられ、それぞれが個々に机に向かって仕事をする場合が見られるでしょう。

　Pタイムの人たちのグループでは、いくつかのプロジェクトを同時にする場合が見られるでしょう。そして、例えば休憩時間にコーヒーを飲んだり雑談したりしながら、実はそれもプロジェクトの一部になっているかもしれません。何人かでテーブルを囲んで話し合いながら仕事を進めたり、そのときの状況に応じて仕事の分担を決めたりするでしょう。

　さて、あなたはどちらのタイプですか。

頭ではわかっていても

💬 アメリカ人留学生と一緒に遊びに行ったときのこと。「こっちへおいで」と手のひらを下にして振ったら、相手の留学生がぎょっとした様子で後ずさりしました。「しまった！　手のひらを逆にするんだった！」とその後で気がついたのですが、遅かった。頭ではわかっていたのですが、こんな動作は無意識にしてしまったのです。非言語コミュニケーションは特に無意識にしてしまうことが多いんですね。（日本）

行儀のいい姿勢とは？

💬 私の国では、小学校のころ、行儀がいい姿勢は、背中をまっすぐにして、手を背中の後ろのほうで組んで座るというように教えられました。手を前に持ってくると、いろいろないたずらをするからなんです。それから、手を挙げるときは、机の上にひじを置いて、手のひらを内側に向けて、ひじを直角にして立てます。これがいい姿勢なんです。机の上にひじを置かずに挙げる場合もあります。（中国）

恋人がいる？

● 日本に来たばかりのころです。トイレに行きたくなった私は、通りがかりの人に「すみません、どこにありますか」といって小指を立てました。小指を立てるのは、私の国ではトイレという意味を指します。ところが、その人は恥ずかしそうに「いえ、いません」といって走っていってしまいました。なぜなんでしょう。とても不親切に思いました。後になって小指を立てるのは日本ではトイレではなく、恋人のことだと聞いてびっくりしました。なるほど！（パキスタン）

自分に気があるの？

● 日本人と握手をするとき、あまり強く握らないので驚きました。私の国では、握手がすんだらさっと手を引いて離れて立ちますが、日本人の場合、握手をした後、相手にまた近づいて握手を続けたりします。これをされたとき、自分に気があるのかと思いました。（インドネシア）

私の国では

● 私の国では、謝るとき、右手を頭のそばに出して、敬礼をするようにします。新年のあいさつのときは両手を握ってあいさつします。（マレーシア）
● マレーシアのじゃんけんでの決め方は日本のじゃんけんと同じですが、川と石と小鳥で表します。川が日本の紙で、小鳥がはさみにあたります。（マレーシア）

🔍 **case**……事例

ケース1 親しさの示し方が違う？

　Sくんは南米出身で日本にやってきた小学生です。日本の学校に通い始めましたが、最近あまり学校に行きたがらない様子です。Sくんと同じ国の出身の支援員のAさんがSさんに聞いたところ、「日本の学校の生徒は、よそよそしくて、冷たい感じがする。あまり親しくなろうという感じではないの

で、学校に行きたくない」と言いました。Aさんは、それを聞いて、「自分の育った国では確かに人との距離が近く、よくハグしたり触れ合ったりしてもっと親しさを感じている。Sくんはきっと親しさの示し方の違いに違和感があるのだ」と気づき、Sくんにその違いについて説明したのでした。

ケース2 ▷ 「あと少し」はどういう意味？

　日本語教師になって3年目のXさん。ある日、留学生のYさんに「あとどのくらいでレポートを書き終わりますか」と聞きました。Yさんは「あと少しで終わります」と言いました。Xさんはあと1時間くらいで仕上げて持ってくると思いました。ところがYさんは1週間後に持ってきたのでした。「あと少し」の時間の意味が違っていたのです。

　またあるとき、Xさんは道を歩いていてCさんに「郵便局までどのくらいですか」と聞きました。Cさんは「このちょっと先です」と言いました。Xさんは、ほんの20〜30メートル先だと思ったのですが歩いても歩いても郵便局にたどり着きません。Cさんの言う「ちょっと先」は、500メートル先だったのです！

　このように時間、空間の感じ方が異なるために相手との間に誤解が生じてしまう場合もあるのです。

ケース3 ▷ テレビ会議のコミュニケーション
　　　　　　　—視線が合わないもどかしさ！？

　筆者の所属する大学は5カ所に分かれているため、よく学内の会議は数カ所の地点を結んだテレビ会議システムを使って行われます。また、複数の大学とテレビ会議を使った交流授業を行ったこともあります。テレビ会議で難しいことの一つは、相手となかなか視線が合わないことでしょう（スクリーンとテレビカメラの位置にもよりますが）。一緒の部屋で会議をしている場合は「発言したいな」と思ってさりげなく司会者を見たりして合図ができるのですが、テレビを通すとなかなかこのさりげない非言語行動が司会者に伝わらない場合が多く、つい発言しそびれてしまったりします。また、マイクを使って行うために複数の場所から相づちを打ったりすることもなかなか難

しく、あまり和やかではない雰囲気になってしまう場合があります。また、発話の順番もお互いの了解のもとで行わなければならないため、日常の会話のように頻繁に発話の交代を行うことが難しいという面があります。日常行っているさりげない非言語コミュニケーションの役割が大きいことを実感せざるを得ません。

🖊 Let's practice……実践してみよう

❶ 「観察してみよう ―ドラマ、テレビ、日常生活の中で」

目的：ドラマなどに登場する人物の行動に現れる非言語コミュニケーションを観察する。

方法：ドラマ、テレビ、日常生活の中で次のことを観察してみましょう。登場人物（観察している人物）はどこを見ていますか。他の人との間の距離は？　身振りは？

> ❗ ふだん何気なく生活している場面やテレビの番組でも、あらためて非言語に注目してみるとさまざまな発見があるでしょう。

❷ 「エレベーターの中で ―視線と縄張り」

目的：自分自身の非言語行動、距離感について体験、観察する。

方法：① エレベーターに、4人グループ、8人グループで乗ってみましょう。
　　　② その後、次のことについて振り返ってみましょう。
　　　　・自分とほかの人の視線は？　相手との距離は？　姿勢は？
　　　　・ちょうどよい距離とはどんな距離でしょう。考えてみましょう。

❗ 他の空間と異なり、エレベーターの中は狭く特殊な空間です。相手との距離も近く自分で思うように縄張りをつくることができません。このような狭い空間の中で初めて相手との距離感についてさまざまな発見があるのではないでしょうか。

❸「絵だけで自己紹介してみよう」

目的：言語を使わないコミュニケーションが言語を使うコミュニケーションとどのように異なるかを考える。

方法：少し大きめの紙を用いて初対面の人と絵だけで自己紹介してみましょう。あなたはどんなことを伝えたいですか。絵だけでどのくらい伝わりますか。絵で伝えられること、絵だけで伝えられないことはどんなことですか。自己紹介の後で話し合ってみましょう。

❗ 言語を使わずに絵だけでどれだけ相手に伝えられるかという実践です。絵で伝えられること、言語で伝えられること、あるいは伝わらないことについて考えてみましょう。

❹「ジェスチャーだけでコミュニケーションしてみよう」

目的：非言語コミュニケーションを体験する。

方法：相手とジェスチャーだけでコミュニケーションしてみましょう。相手に自分の伝えたいことは伝わりましたか。予想していたよりも多く伝えられましたか。それとも少なかったですか。

❗ 非言語は思ったよりも伝えやすい反面、抽象的なことや相手と共有していないことについては伝えにくい場合がありますね。言語のコミュニケーションとの違いを考えてみましょう。

❺「音声を消してドラマを見てみよう」

目的：言語なしでどの程度意味が推測できるかを体験する。

方法：ドラマを音声なしで見て、どんな会話がなされているのか、予測してみましょう。何が起きているか、ジェスチャーや表情でわかりますか。予測した後、音声付きで見てみましょう。あなたの予想は当たりましたか。ジェスチャーや表情からどんな推測をしていたのか考えてみましょう。

⚠ 音声を消してドラマを見てみると、さまざまな非言語によって相手にメッセージを伝えていることに気づくでしょう。表情や動作も重要なメッセージになっているのです。

❻「心地よい位置は？」

目的：コミュニケーションの目的に応じての、自分の距離感の変化に気づく。

方法：4人で向かい合わせに座ってみましょう。次の場合はどんな位置で、相手とはどのくらい離れた距離で座りますか。話し合いながら、心地よい位置に椅子と机を移動してみましょう。なぜそのような位置になったのか意見を共有してみましょう。

- 同僚とプロジェクトを共同でするとき
- 会議で意見が対立しているとき
- 喫茶店で自由に話すとき

⚠ 場面や心情に応じて相手との距離や座り方もだいぶ異なるでしょう。またどのような距離や座り方がよいか個人差もあると思います。また、空間や距離など非言語的な要素がコミュニケーションの内容に影響を及ぼす場合もあると言えるでしょう。

第 8 章

誤解はどこから生まれるのか

● プロローグ

　中国に滞在しはじめたばかりのころのこと。お昼どき
に自転車に乗っていると、すれ違いざまに、ある知り合
いから「ごはん食べた？」と聞かれました。まだ食べて
いなかった筆者は「まだ食べていない」と答えて、その
後、相手が食事に行こうと誘ってくれるものだと思い、
自転車を降りて答えを待っていました。ところが、相手
は「あ、そう」と言ったきり、自転車でさっと通りすぎ
てしまったではありませんか。冷たい人だなあ、とショッ
クを受けたのですが、実は後から「ごはん食べた？」と
いう言葉は中国では「こんにちは」と同じ単なるあいさ
つ言葉だということがわかったのでした。

　このようなルールがわからないと誤解が生まれてしま
います。ここではコミュニケーションギャップについて
考えてみましょう。

● キーワード

コミュニケーションギャップ　D.I.E.

　映画館を出てきたカップルがこんな会話をしています。「あの、ロマンティックな海辺の風景よかったわね。遠くにぽっかり舟が浮かんでいてすてきだった」「えっ？　舟が浮かんでたっけ？　それより、あの、ほら、あの主人公が乗っていた車、かっこよかったよな。あんな車、乗りたいな」「えっ？あまり覚えてないけど」「……！」。この２人のそれぞれにとってどんなシーンが印象に残っていたのか、どんな部分に注目して映画を見ていたのか、違っていたのです。

　私たちは多くの情報を目や耳などを使って取り入れています。でも、実は無意識にどんな情報を取り入れるのか、選択しているのです。ここに出てくる２人も、それぞれどの部分を情報として取り入れていたか、微妙に違っていますね。舟に注意して見ていたり、車に注意して見ていたり。こんなふうに私たちは「周りのものを見る」ところから誤解が始まってしまっている、と言ってよいでしょう。コミュニケーションとは、単に話したり聞いたりするだけではなく、実は外からの情報をどのように取り入れ、意味づけをしていくかという部分も含まれているのです。荒木（1995）は、「コミュニケーションとは、外界からの刺激である生のデータをその人にとって意味ある情報に処理するプロセスであり、その結果得た情報をもとに行動することで私たちはそれぞれの環境の中でうまく適応していくことができる」としています。

　では、私たちはどのように外からの情報を受け取って、意味づけしているのでしょうか。なぜその過程で誤解が起きてしまうのでしょうか。異文化トレーニングで「D.I.E.」という方法があります（八代他 1998、八代他2001）。D.I.E. とは、Description（行動の記述）、Interpretation（解釈）、Evaluation（評価）の略ですが、このそれぞれを意識化することによって誤解が発生したときの解決に役立てようとするトレーニングの一種です（八代他 1998、八代他 2001）。グディカンストによれば、この３つの区別を最初に始めたのはバーロ（Berlo 1960）であるとされています。グディカンスト（1993）は、「行動の記述」とは、ゆがみを最小限に抑えて、同時にそ

の行動に意味を付与することなく、実際に観察したことを報告することとしています。「解釈」とは、行動に付与された意味、あるいは社会的意義のことであり、観察したことをどのように考えるかということであり、一つの記述に関して、多数の解釈が存在するとしています。「評価」は行動に対する評価のことであり例えば「敬意を表している」のように感じることです（グディカンスト 1993）。

　ここでは、この方法にもとづいて、意味づけのプロセスを見てみましょう。

行動の記述　→　解　釈　→　評　価

　まず、私たちは外からの情報を目で見たり、耳で音や声を聞いたりしながら、何が起きているかという「行動の記述」をします。例えば、Aさんが黒い服を着て歩いていたとしましょう。それを見たあなたは「あの人は黒い服を着ている」という行動の記述をしたとします。次に、その行動の記述について、行動の意味を考える「解釈」を複数考えてみましょう。「今年は黒色が流行だからAさんは黒色の服を着ているのだ」「Aさんは明るい色より黒色を好むから黒い服を着ているのだ」「Aさんの身辺に不幸があったので黒い服を着ているのだ」「今日は会社で謝罪をする場面に立ち会わなければならないので、明るい服ではなく黒い服を着ているのだ」などいろいろと解釈が考えられます（他にもあるでしょう）。あなたはAさんの表情や性格も合わせて考えながら、この解釈を何度もやり直したりしながら一つを選び出そうとします。そして「多分、（Aさんは流行に敏感なので）今年は黒色が流行っ（はや）ているから黒い色を着ているのだろう」という解釈が一番可能性が高いのではないかと思ったとします。今度はそれに対してあなたは「Aさんは流行に敏感でおしゃれなんだなあ」という評価をします。私たちはこういったプロセスを日常的に無意識に行っているのです。しかし、Aさん自身が黒い服を着ている本当の理由は「会社で謝罪の場面に立ち会うので、今日は黒い服を着ようと思ってやむを得ず着てきた」という場合もあり得ます。その場合、あなたとAさんとの間に誤解が生じてしまうのです。

　あるお寺のお賽銭箱（さいせんばこ）で靴の泥を落としている人がいてトラブルになった、という話を聞いたことがあります。もしあなただったら「お賽銭で靴の泥を

落としている」という「行動の記述」をどのように「解釈」するでしょうか。「お寺を侮辱するためにやっている」「仏教について批判的なためやっている」等いろいろな「解釈」が考えられるかもしれません。その場合の評価は「ひどいことをしている」となるでしょう。「お賽銭箱はお参りする時にお金を入れるためにある」という知識にもとづけばこのように解釈、評価するのではないでしょうか。では、「お賽銭箱はお参りするときお金を入れるものである」という知識が全くない場合、この行動はどのように「解釈」できるでしょうか。あなたがもしお賽銭箱を初めて見た人だったら、どうでしょうか。「木の棒が何本かある」「お寺の入り口にある」「ここは日本で建物の入り口で靴を脱がなければならない」などいろいろなことを考えるかもしれません。そして、「お賽銭箱で靴の泥を落としている」という行動をどう意味づけるか、いろいろと解釈を試みるでしょう。実は、このときに泥を落としていた本人は、「日本人は靴を建物の入り口で脱ぐので、きっとこの箱は靴の泥を落とすためのものだ」と意味づけていたのだそうです。本人なりに、礼儀正しい行動をしていたつもりだったのです。

　何か相手の行動がおかしい、相手と感情が異なる、意味の取り違えがある、と感じたときには、まず「行動を記述し、さまざまな立場に立って解釈や評価を考えていくことが大切ではないでしょうか。

　日本語教育の現場でも、誤解の可能性のある場面などでこのような方法をとると解決の手がかりになる場合があると思います。例えば、小学校で日本語を母語としない子どものいる教室の場面を考えてみましょう。ある日本語を母語としない子どものKくんが授業中、教室を歩き回っていたとします。この場合、行動の記述は「Kくんは教室内を授業中歩き回っている」となるかと思います。では、この行動の解釈はどのようなものが考えられるでしょうか。皆さんはどのように考えますか。例えば、「Kくんは落着きがない性格のため」「Kくんは日本語がほとんどできずに授業についていけないため」「Kくんは他のAさんやBさんのことが気になっていてノートを見に行こうとしているため」「Kくんは歩き回ることで先生の注意をひこうとしているため」などが考えられるかもしれません。解釈を即座に一つに決めて評価するのではなく、どのような解釈ができるか、できるだけ多く考えてみる過程が大切なのではないでしょうか。

　では、誤解が生じた場合にはどうすればいいのでしょうか。「行動の記述→解釈→評価」の間を行ったり来たり、一つの方法だけでなく、さまざまな方法を試みて行動の記述、解釈、評価を自由に行き来できるようにしていくことが大切でしょう。例えば相手との間にお互いに感情的なすれ違いがあったとします。ちょっと立ち止まってなぜそう評価するようになってしまったのか、さまざまな解釈を考えたり、さまざまな事実を当てはめたりしてみると、その原因がわかるのではないでしょうか。また、特に教師をしていると、知らず知らずのうちに、相手の行動に対して、ありのままを見て自由にさまざまな解釈を試みるというより、まず評価する態度で接してしまう癖がついてしまっているのではないでしょうか。自由な、開かれた気持ちで相手に接することが大切でしょう。

② 相手にどう伝える？─伝え方の違いによる誤解

皆さんはだれかと会話していて、このように思った経験はないでしょうか。「この人は、事実を細かく描写しながら、会話していく人だなあ」「この人はあまりはっきりと言わず、曖昧でよく伝わってこないなあ」「この人は、はっきり言いすぎるので、ときどき傷つくなあ」。これは、それぞれのコミュニケーションスタイルの違いのためなのです。ある人にとっては正確に相手に情報を伝えているつもりなのが、別の人にとっては、情報が十分に伝えられないことになります。

どのように相手に伝えるか、その伝え方の違いは、時には誤解を招くことになります。ここでは、誤解をテーマに考えてみることにしましょう。

アナログ対デジタル

私たちは相手にメッセージを「どのように伝えるのか」、その伝え方の違いで誤解を生じさせてしまう場合があります。ここに1枚の絵があるとしましょう。その絵を見ていない人に、言葉だけで説明するとしたらどのように説明できるでしょうか。Aさん、Bさんの説明を聞いてみましょう。

Aさん：直径3センチの丸を一つ書きます。丸の中で上に12という数字を書いて、その真下に6という数字を書き入れます。その真ん中の右端に3、左端に9という数字を入れます。長さ1.5センチの直線を、円の中心から12と書いたところまで書きます。その後、1センチの直線を中心から3と書いたところまで書きます。

Bさん：丸い時計を書いてください。その時計の針は、3時ちょうどを指しています。

さて、あなたにとっては、どちらの説明がわかりやすかったでしょうか。Aさんは、見たもの一つ一つを正確に部分から描写しています。これに対してBさんは全体的な特徴からとらえ、時計と今3時を指していることしか言っていません。Aさん、Bさんの言い分を聞いてみましょう。

Aさん：Bさんは「丸い時計」と言っているけれど、大きいのか、小さいの
　　　　か、それからどんな種類の時計かよくわからないよ。ちょっと大
　　　　ざっぱな表現だなあ。
Bさん：Aさんの言い方は細かすぎる。直径とか細かいサイズを言わずに時
　　　　計なら時計と最初から言えば、もっと早くイメージできるのに。

　同じものを見た場合でも、どのように相手に伝えるのか、伝え方が異なる
場合がよくあります。そして、こうした伝え方が違うために誤解が生じてし
まう場合もあり得るのです。見たものを「どのように描写するのか」につい
ての違いは誤解を生むといってもよいでしょう。この2人のようにコミュニ
ケーションスタイルが異なっていると、誤解が起きてしまうこともあります。
Bさんは物事をつながりのあるものとして全体的にとらえ、あまり細かい描
写はしていませんが、Aさんは物事を細かく区切ってとらえ、一つ一つを正
確に描写していこうとしています。Bさんは**アナログ的**、Aさんは**デジタル
的**と言えるでしょう（林 1994）。どのようにとらえるのか、とらえ方が違
うと誤解が生まれてしまう場合があります。あなたはどちらのタイプですか。
振り返ってみましょう。

ストレート対婉曲的

　あなたは相手に何かを伝えるときにどんな伝え方をしていますか。例えば同じお願いをするとき、次のような２つの方法があったとします。

Ａさん：明日の午後３時までにこの企画を持ってきてくださいますか。
Ｂさん：大変お忙しいところ、誠に恐縮ですが、この企画の締め切りは明日の３時になっておりますので、それまでに持ってきていただければありがたいのですが、お願いできますでしょうか。

　Ａさんはかなりストレートに用件を伝えていますね。それに対してＢさんはかなり遠回しに伝えています。このように、同じことを伝えるのでもどんな伝え方をするのかでだいぶ印象が違いますね。ストレートに伝えるのか婉曲的に伝えるのか、伝え方が違うと誤解が起きてしまう場合もあるかもしれません。例えばＡさんはＢさんが伝えるのを聞いたら丁寧すぎて、冗長だと思うかもしれません。また、逆にＢさんがＡさんの伝え方を聞いたら、素っ気なくて丁寧ではないように思うかもしれません。

　また、どんな場合に頼むかによってもどちらが適切か違いますね。よく知っている間柄で、忙しい人に頼むときや急いでいるときには、Ａさんの方法が簡潔でいいですね。でもまだよく知らない者同士だったり、上司だったりしたらＢさんのほうが丁寧ですね。このように、どんな場合かによっても私たちは知らず知らずのうちにコミュニケーションスタイルを変えていることがあります。

❸ 誤解がなぜ起きたかについてどう学ぶか

　日本語教育の現場では、実際の教室場面のコミュニケーションにおいても、さまざまな誤解や摩擦がありますが、これを教師が「摩擦がある」と学生に教えるのではなく、学生自身が振り返りながら自ら摩擦に気づくように導いていくのも大切ではないでしょうか。上原（1996）は、異文化コミュニケー

ション研究の目的として「異文化を持つ人との対面相互作用の過程を解明し、他者の文化を理解すると同時に実際の異文化間相互作用に役立てること」としています。相互作用のプロセスを振り返ることによって自らがどこで誤解が生じていたか気づいていく過程は大切ではないかと思います。先に紹介した D.I.E. メソッドも摩擦の振り返りを行うのに役立つ方法といえるでしょう。これは教室内だけではなく、多文化環境の職場や地域の日本語教室などにもあてはまるでしょう。

　誤解がなぜ起きたかについて事例の分析を通じて学んでいく方法もあります。**カルチャーアシミレーター**（p. 154「コラム 2」参照）や**クリティカルインシデント**（p. 155「コラム 3」参照）やケーススタディ等の方法です。これらは事例を読み、そこにどのようなことが問題になっているかについて考察していきます。これらは事例を読み取っていくプロセスが重要と言えます。

　筆者は、留学生と日本人学生が討論した後、参加者たちと討論場面（摩擦の場面）のビデオを見ながら振り返る「**プロセスリコール**」を行ったことがあります（徳井 2002）。討論のときに録画したビデオを、再度皆で見ながら、参加者の言語、非言語行動を観察し、そのとき自分自身がどう感じていたか、相手はどう感じていたと思うか皆で意見を交換する方法をとりました。「ずっとＡさんが僕の顔を見て聞いていたのに気づかなかった」「自分たちはこの話題を変えたいと思っていたけど、相手はそのことに気づいていないことに気づかなかった」など、あらためてビデオを見て誤解の原因に気づいたケースも見られました。参加者と共有しながら、誤解のプロセスに自ら気づいていく過程は大切ではないでしょうか。

🗍 column……コラム

▶ メッセージ上の誤解

コラム 1 メッセージはなぜ通じない？

　ネウストプニー（1982）は、「コミュニケーション問題というとコミュニケーションの挫折、つまりメッセージが通じなかったり誤解されたりすることを想像する人が多い。しかし、そのようなコミュニケーション問題があることもあるが、比較的すくない。何かを言うべきところで言わなかったり、沈黙を期待された時におしゃべりをしたり、あるいはリラックスするべきところでフォーマルな態度をとったり、期待された時に挨拶をしなかったり不適当に笑うような行動がコミュニケーション問題の主な根元である」と述べています。

　冗談を言ったり、沈黙したりするタイミングというのはなかなか難しいものです。筆者が米国に留学していたときのこと。ある先生が教卓の上からうっかり書類をばさっと落としてしまいました。そばに行って拾おうと思ったら「あー落っこってばらばら。まるで僕の人生そのものだ！」とおっしゃるではありませんか。少し皮肉な冗談だったのですが、もし本気にとって「そんなことないですよ」などと言ったらしらけてしまうでしょう。どうやってタイミングよく気の利いた受け答えをしたらいいか戸惑ってしまいました。さて、皆さんだったら、こんな場面でどう答えますか。

▶ いくつかの事例分析

コラム 2 カルチャーアシミレーター

　誤解を考えるための異文化トレーニングの一つにカルチャーアシミレーター（Culture Assimilator）という方法があります（Albert, R. 1995）。カルチャーアシミレーターとは、ある出来事の原因や行為の意図を、文化的背景の異なる相手の視点から解釈することを学ぶ帰属トレーニング（Attribution training）の一つの手法です。具体的には、異文化接触の場面における誤解のエピソード、相手の行為の原因解釈を促す質問、それに関するいくつかの答え（選択肢）、そしてそれぞれの解説からなっています。ブリスリン（1995）は、「カルチャーアシミレーターは、単に出来事の報告にとどまるのではなく、登場人物の誤解

や困難さやストレスの根底にある理由を特定することが求められている」と述べています。

『外国人留学生とのコミュニケーションハンドブック』（大橋他 1992）ではこの手法が用いられています。例えば韓国人の学生が、日本人と一緒に食事をしたときに割り勘で払ったのが理解できない出来事を例に出し、なぜ彼が日本人の行動を見て動揺してしまったのかに関していくつかの選択肢を出しています。例えば「自分は留学生なので当然みんながごちそうしてくれると思っていたから」「食事代はだれかがまとめて払っておいて後で自分の分を渡すものとばかり思っていたから」「食事に誘ったのは先生だし、一番年上の先生が当然払うものだと思っていたから」などが選択肢として挙げられています。この中からどの選択肢が最も適当かを選ぶのですが、この方法は、誤解の事例の解釈の結果ではなく、解釈していくプロセスに重点をおいている方法と言えます。また最も適当な選択肢が必ずしもいつも正しいわけではなく、現実には例外もたくさんあります。「最も適当な選択肢が絶対的に正しい」と受け取ってしまうと、かえってステレオタイプを助長させてしまうという危険性があるということに注意しておいたほうがいいでしょう。

コラム3　クリティカルインシデント

　クリティカルインシデントという手法は誤解を考えるためのトレーニングの一つです。これを最初に用いたのはフラナガン（Flanagan 1954）と言われています（Wight, A.）。ワイト（Wight, A. 1995）によれば、クリティカルインシデントはクロスカルチャートレーニングで用いられている方法で、文化的相違によるコンフリクトが起きている出来事の記述（インシデント）を用います。それぞれの記述（インシデント）はどのような何が起きたのか、登場人物の気持ちやリアクションが書かれていますが、どのような文化的違いがそれを引き起こしたのかということについの説明はしていません。その部分はトレーニングの活動で参加者たちが発見していくからです。クリティカルインシデントの目的は、参加者たちのコンフリクトに関する気づきを高めること、参加者たちの多様な解釈を引き出し、比較し、分析すること、文化間の違いと同様に参加者のもつ文化の多様性についても理解を深めること、インシデントの

中の誤解やコンフリクトについて文化的な違いを明らかにすること、参加者たちが似たような状況になった時の対応について考えること等です。

　クリティカルインシデントは出来事の記述（インシデント）と質問からなっています。質問には、「あなたは登場人物にどの程度賛成するか」「あなたがもし登場人物だったらどのように行動すると思うか」「もしあなたが登場人物だったらどのように感じるか」「何がこの記述（インシデント）で問題になっているのか」等があります。参加者はこれらの質問をグループで共有し話し合います。(Wight, A. (1995) 'The Critical Incident as a Training Tool' *Intercultural Sourcebook: Cross-Cultural Training Methods* Vol.1, Intercultural Press pp.127 ～ 139 より筆者が一部抜粋し訳した)

▶ 異文化コミュニケーション能力

コラム4　異文化コミュニケーション能力の研究

　異文化コミュニケーション能力とは、異文化状況で必要となる能力のことですが、現在さまざまな定義がなされています。ルーベンの定義を紹介しましょう（ルーベン Ruben 1976）。さまざまな誤解が生じた場面でも必要な能力とも言えます。

　敬意の表示：相手を尊敬することのできる能力

　相互作用における態度：相手のメッセージから十分な情報を得て、相手の感
　　情を考慮しながら相手に対応できる能力

　知識：知識は人それぞれによって異なっていることを理解できる能力

　感情移入：相手の立場に立って感情を理解できる能力

　役割行動能力：仕事、対人関係、個人的行動を柔軟に果たせる能力

　相互作用の管理：必要に応じて話す順などを調整できる能力

　曖昧さに対する寛大さ：新しい状況の中で不安にならず寛容性を持つことの
　　できる能力

voice……声

同じ動作でも意味が違う？

💬 国の違いによって時にわれわれは誤解したり、されたりします。日本に来るまでは、台湾でのいろいろな習慣をずっと当たり前のこととして扱ってきました。日本に来て、初めて身の回りの細かい習慣を意識するようになりました。例えば日本人はどんな小さいことでも両手を合わせてあごの前に持ってきて人にお願いをするのです。初めて人にそういうふうにされたとき、実に気まずかったのです。なぜかというと、そのしぐさは台湾では神様に願い事を告げるときにしか使わないしぐさだからです。また、日本人は片手をあごの前に立てて人に謝ります。それは実に軽く「ごめん」という意味のしぐさなのですが、台湾ではそれはお坊さんのする動作です。これらは結局、同じ動作をしても国によって違う意味なのです。（台湾）

「どうぞ」と言ったのに

💬 ある日、電車に乗っていたとき、座席に座っていたら一人のおじいさんが私の前に立った。私はおじいさんを助けたかったから、「おじいさん、どうぞ」と言って立ったが、おじいさんは座席に座らなかった。次の日また同じ電車でそのおじいさんに会った。今度はただ黙って席を譲ったら今度はそのおじいさんは席に座った。

日本語のここが曖昧！

💬 ある店でウエイターをしていたときのことです。注文を取りに行ったところ、若いカップルがメニューを見ながら迷っているようでした。そこで僕は「これはいかがですか」とメニューの食べ物を指しながら、一つ一つ聞いていきました。すると、そのカップルは「いいです」と言いました。僕は注文しているのだと思い、一つ一つ注文票に書きました。少し多いなあと思ったのですが……。後でその食べ物を全部持っていったところ、彼らに「注文していない！」と言われてしまいました。（中国）

💬 日本に来て、よく聞く言葉は「そうですね」。私が最初に意見を述べ、日

本人に私の意見についてどう考えているのか聞きたいと思ったとき、その日本人の答えは最初から「そうですね……」だった。これを聞いて、私は多分私の意見に賛成したと思ったが、実際はそうではないようだった。「そうですね」と言い、その後、反対の意見を言ったのだ！（台湾）

- 日本人は話すとき、聞き手は必ず「うん」などの相づちを打つが、母国では軽い相づちを打たないので、誤解したことがある。あるとき、友人を「今度の日曜日、映画に行かない？」と誘ったら、友人に「いいんじゃない」と軽く返事をされた。その場の雰囲気に流された曖昧な答えだった。私はそれを同意と受け取ったが、実際はノーだった。（中国）

- 「一緒に食べに行きませんか」と誘ったときに、都合が悪いときには「ちょっと……」と答える。こんな場面によく出合いました。こういう習慣に慣れていないときには理解できませんでした。（中国）

🔍 case……事例

ケース1 ▶ 何か物足りない？

　米国に留学していたＵさん。ある家族に夕食に招待されて出掛けていきました。日本から持っていったおみやげの扇子をホストマザーに渡したところ、"Thank you so much! It's so wonderful!" と喜んでキスまでされてしまいました。そして、すぐに扇子を広げてデスクの上に飾っています。とても気に入ってもらって上機嫌のＵさん。椅子に腰掛けて待っていると今度はホストファザーがやってきて「すてきなセーターを着ているね」と言いました。今まで着ているものを褒められたことなどなかったので、Ｕさんはすっかり照れてしまって「いや、そんなに高くないものだけど」と言いました。その後、いろいろな料理が運ばれてきました。どれもおいしい料理でＵさんは残さずに全部食べました。ところが、ホストファミリーは不安そうな顔をしています。なぜなのかしら、とＵさんは思いましたがあまり気にも留めませんでした。しばらくして、「この料理、おいしい？」と聞かれました。「あ、そうなのか、おいしいって言葉に出して褒めなければいけなかったの

だ！」とＵさんは、はっとしたのでした。

ケース2 ▷ 指示が曖昧？

　日本語教師のＪさん。米国人学生を相手に日本語の授業をしているのですが、来週、試験をすることにしました。「今までやったことの中から出しますから」と言いましたが、学生は少し不満そうです。「今までやった中で、参加態度、インタビュー、試験がどんな割合で評価されるのか、具体的にパーセンテージで出してほしい」と言います。学生にとっては教師の指示が曖昧だったのです。一方、その教師にとっては「そこまで細かく出さなくても全体的に評価すればいい」と考え、学生の要求が非常に細かく思えたのでした。

ケース3 ▷ ある教師の独り言：評価から入る悪い癖

　小学校の教師になって 10 年のＡ先生の独り言。「教師という職業に就いていると、つい生徒を評価というところから見てしまう傾向がありますね。この前も、ある生徒が私のところに話をしに来たのですが、その生徒はいつもふざけてばかりいるので、あまりまじめでない生徒、という評価からその生徒の行動などを解釈してしまいました。ところが、後になって聞くと、その生徒はただ私に話を聞いてもらいたいので来た、というのです。そういえば、その生徒は何か言いたそうな目をしていました。相手がどういう行動をしているのか、まずよく相手を見て、そこから解釈していかなければいけなかったのですね。相手をすぐ評価してしまうのは、教師の悪い癖かもしれないと思いました」

🖉 Let's practice……実践してみよう

❶「もし生まれて初めて見るものだったら？」

目的：新たな視点でものと向き合う。
方法：もしあなたが生まれて初めて次のものを見たら、どのようにとらえま

すか？ どのように記述し、解釈し、評価しますか。できるだけ多く
の記述、解釈、評価を考えてみてください（以下に例を挙げましたが、
他にも身近なものを挙げてみてください）。

- 自動販売機
- エレベーター
- 自転車

....

❗ まったく見たことのない人の立場になるのは難しいものです。いったん自
分のこれまでの記述、解釈、評価をまっさらにして、新たな視点で「もの」
と向き合ってみることは大切ですね。異文化に接するときこのような視点
が大切なのではないでしょうか。

....

❷ 「『見ること』を考える」

目的：人により意味づけの仕方が異なることを体験する。

方法：① グループで観察してみよう ― Group Watching Excercise

　　　 グループになって 15 分間、一緒に自由に歩いてみましょう。建物
の中でも、外でも構いません。その後、それぞれこの 15 分間に何を
見たか、紙に書き出してみましょう。そして、グループのメンバーで
お互いに共有してみましょう。同じものを見ましたか。違っていまし
たか。

　　　②ドラマを見てみよう

　　　 あるドラマのシーン（5 分くらい）を見せます。その後、「何を見
たのか」についてそれぞれ書き出してみましょう。そしてその後で、
何を見たかお互いに話し合ってみましょう。

....

❗ 同じ風景やシーンを見ていたはずなのに、実は見ていなかった場合も多い
と思います。ではなぜでしょう。何に注目して見ていたのか振り返ってみ
ましょう。

....

❸ 「あなたはどう伝える？」

目的：自分自身の伝え方について振り返る。

　あなたは人にどのように説明をしていますか。自分自身の説明の仕方を振り返ってみましょう。

方法：近くの駅から、あなたの家までをどのように行くのか説明してください。あなたはどのように説明しましたか。次のAさん、Bさんの説明の仕方の、どちらに近いですか。

　Aさん：駅から北へまっすぐ 300 メートルぐらい行ってから、交差点を渡り、西へ 100 メートルぐらい進んでください。

　Bさん：駅の北口を出ると、横断歩道があります。そこを渡ると右側に大きな本屋さんがあります。本屋さんの前をまっすぐに進むと、横断歩道がまたあります。ずっと進むと、喫茶店の前に大きな交差点があります。交差点を渡って、銀行の脇の細いほうの道をまっすぐに行ってください。

> ❗ Aさんはちょうど地図を見ながら説明する方法で、Bさんは歩きながら部分部分に着目して説明していく方法です。2 つの説明の仕方は視点が違っていますね。

----

❹ 「誤解の原因を考えてみよう」

目的：誤解の原因を行動の記述、解釈、評価に分けて考える。

事例：中学校 1 年生の外国籍の男子生徒のAくんは、外国籍の女子生徒のBさん、Cさんと一緒のグループです。しかし、授業中話し合いをするよう指示しても、AくんはBさん、Cさんとの一緒の話し合いに参加していません。教師であるXさんはどのように支援したらよいかと考えています。

問い：ここで「AくんはBさん、Cさんと一緒の話に参加していない」というA君の行動の記述について、もしあなたが教師のXさんの立場だっ

たら、どのように解釈することが考えられるでしょうか。また、それぞれの解釈について（Ｘさんの）評価はどのように考えられるでしょうか。できるだけたくさんの解釈、評価を挙げてみてください。

解釈の例：　（　　）内は評価
- Ｂさん、Ｃさんと比べると日本語力が劣っているため話したくない。（消極的だ）
- 話し合う内容がわからない。（理解が遅い）
- 話し合う内容に興味がない。（関心を持っていない）
- 集中力に欠ける。（集中力がない）
- ＢさんとＣさんが盛り上がっていたので気をつかって参加しなかった。（気をつかう生徒だ）
- Ｂさん、Ｃさんが女の子なので話すのが恥ずかしい。（恥ずかしがり屋だ）

....

❗ 一つの行動の記述に対して一通りではなくできるだけたくさんの解釈を考えてみることで誤解の原因がわかると思います。

....

❺「文章を読んで考えよう」

目的：問題の状況、登場人物のとらえ方、解決策を考え、これらをグループで共有する。

方法：以下はＡさんが書いたものです。これを読んで以下の質問について考えてみましょう。
　　　　それぞれ考えたことをグループで共有して話し合ってみましょう。

　　私は○○国から日本の学校に転校してきた高校生です。日本の高校に転校して、友達との付き合いに今とても戸惑っています。
　　日本の高校では「なかよしグループ」ができています。いつもグループで固まっているのです。例えばトイレにもグループで行くので驚いてしまいました。一人ひとりトイレに行きたい時間は違うと思うのに、そ

んなことまで一緒にするのかよくわかりません。グループで行動するの
がそんなに大切なのか私にはよくわかりません。

　すでにいろいろなグループができているので、私はどうしたらよいか
わかりません。私のクラスでは私の他は皆日本人です。だれか一人でも
友達がつくれればいいなと思って隣の席のＢさんに勇気を出して「休み
時間に一緒に遊ばないか」と話しかけてみたのですが、Ａさんは話しか
けたことに返事はするのですが、いつも一緒のグループの人たちと行動
していて私を入れてくれません。グループにどうやって入っていったら
よいかわかりません。

1．ここで問題になっていることはどのようなことですか。
2．Ａさんはどのような気持ちだと思いますか。
3．あなたがもしＡさんだったらどのように行動しますか。
4．Ｂさんはどのような気持ちだと思いますか。
5．あなたがもしＢさんだったらどのように行動しますか。
6．あなたがもしこのクラスの担任だったらどのように対応しますか。

⚠ 問題を整理し、Ａさん、Ｂさんの立場に立ってその心情、行動を考えるこ
とが大切です。こうしたプロセスを経ると問題解決の糸口が見えてくるの
ではないでしょうか。

第 9 章

価値観の相違を考える

● プロローグ

　帰国生に日本語を教えていたときのこと。メキシコから帰ったばかりのある学生がこんなことを言いました。「僕、水戸黄門ってドラマ好きじゃないんだ。最後まで印籠を隠しておいて、最後になって見せるでしょ、いつも。あれって陰険なやり方だと思うんだ。正体を隠しておくなんて。僕だったらね、勲章みたいに、最初から首からぶらさげとくんだけどなあ」。その説明を聞いて、「なるほど！　そういう考えもある」と驚いてしまいました。彼にとっては「謙譲の美徳」よりも「正直」という価値観のほうがずっと大切なことだったのです。だから水戸黄門の例のシーンにとてもストレスを感じたのです。

　このように価値観が異なると、お互いにストレスや誤解が生じてしまうことがあります。ここでは価値観の相違について考えてみましょう。

● キーワード

対立　価値観

1 あなたと私とどこが違うの？―理解しているつもりでも

　アパート探しのために相談に来ている人たちの会話を、そっと聞いてみましょう。「新しい住まいは、仕事場から遠くて通勤が不便でも静かで環境のいい所にしたいのですが。休日はゆっくりしたいので」「できるだけ職場に近くてすぐ行ける所がいいです。環境は多少うるさくても、仕事優先の生活ですので」「職場からは少し遠いのですが、A駅の近くで決めたいです。昔からの知り合いや友人もたくさんこの街に住んでいるので安心ですから」

　それぞれどんなところに住みたいかが、だいぶ違っているようですね。この３人はライフスタイルや「何を大切にして生きているか」についての価値観もかなり異なるようです。環境、娯楽、仕事、お金、人間関係……。あなただったら、何を大切にしますか。こうした価値観の違いが、例えば「アパートを探す」という日常の行動にも現れてくるのです。価値観は私たちにとっては目に見えないものです。でも、それだけにさまざまな感情にも結び付きやすく、価値観が違うとお互いにすれ違いや摩擦が大きくなると言えるでしょう。

2 さまざまな価値観

　では、価値観にはどんなものがあるでしょうか。クラックホーンとストロッドベック（Kluckhohn & Strodtbeck 1961）は、文化間、文化内での価値観のバリエーションを見ることによって文化特有のパターンの違いを説明しようとしています。

　そして、普遍的な価値志向として①人間性志向、②人間と自然志向、③時間志向、④人間関係志向、⑤活動志向の５つを挙げています。ここでは、そのそれぞれについて見てみましょう。

　①人間性志向：貸していたお金を相手から渡されたら、あなたはすぐに金額を確かめますか。それとも相手を信頼してすぐに財布の中に入れますか。ちょっとしたしぐさにも価値観が現れています。孟子は、人間はもともと善

であるという性善説を出しましたが、これに対して荀子は性悪説を唱えました。中間の人ももちろんいますね。性善説か性悪説か ——。この価値志向が違うと思わぬ誤解が生じてしまいますね。

　②**人間と自然志向**：雪が降った日に、もしだれかに手紙を書くとしたら、あなたはどうしますか。吉田兼好は『徒然草』の中で、「雪のことを何も書かずに手紙を送ったら相手から『この雪のことに触れないなんて情けない』と言われてしまった」と書いています。人間と自然はどのような関係ととらえるか、というのも価値観の一つです。人は自然と調和していくという兼好のようなとらえ方、人間は自然に服従するものだというとらえ方、人間が自然を支配するというとらえ方があります。例えば、人間が自然を支配するという考えに立てば、自然環境は人間にとって利用できる資源ととらえたりするでしょうし、人間は自然に服従するという考えを持てば自然に畏怖の念を抱くでしょう。

　③**時間志向**：皆さんは、過去、現在、未来のどれを重要に考えていますか。どれを重視するかも価値観の違いの一つです。あるプロジェクトを数人で企画するときに、未来志向の人は、将来予測されるさまざまな問題に対処するにはどうしたらいいかという立場に立つでしょう。過去志向の人は、前例はどうだったか検証することから始めようとするでしょう。このように時間志向についての考えの違いも摩擦を生んでしまうのです。また、時間は使って消費するものという概念でとらえている場合もありますし、時間は過ぎ去るものとしてとらえる場合もあります。

　④**人間関係志向**：あなたは上下関係を大切にしますか。それとも相手と対等な関係を結ぼうとしますか。米国に留学していたとき、教授も学生も事務官も皆ファーストネームで呼び合っているのに驚いたことがありました。相手との関係の結び方も一つの価値志向なのです。人間関係志向は直系、傍系、個人主義に分かれている、としています。直系は上下関係を重視するとしており、傍系は自分の所属する集団の横の結び付きを重視しており、個人主義は個人を集団よりも重視しているとしています。例えば個人主義の人と集団主義の人が交渉するとき、個人で意見を言う場合と、集団のメンバーの一員として意見を言う場合に分かれ、お互いに「自分勝手な人」「責任を逃れよ

うとしている」など、相手の意見の述べ方に対して不満を持つ場合が考えられるでしょう。

⑤**活動志向**：活動志向には、あるがままを肯定する「ある」志向、自分の内面に関心を向け内面から少しずつ変えていこうとする「なる」志向、自分自身が行動することに意義を見いだす「する」志向に分けられる、としています。例えば「今度、引っ越すことになりました」というような文章をよく見掛けます。「今度、引っ越しました」とどう違うでしょうか。前者は「なる」という価値志向でとらえ、後者は「する」という価値志向でとらえています。自分自身のしている活動をどのような視点からとらえるかも、それが異なると摩擦の原因になってしまいます。

以上、ここではクラックホーンとストロッドベックの価値志向について紹介しましたが、必ずしもそれぞれの特徴がはっきりと分けられるわけではないということに注意すべきでしょう。ある人は現在志向と未来志向が交ざり合っているでしょうし、ある人は「なる」志向と「ある」志向が交ざり合っているでしょう。

以上、5つの価値志向を見てきましたがこれはあくまで米国の基準でつくられたものである、と客観的にとらえる必要もあるかと思います。例えば、ホフステードの調査によれば、中国や日本は集団主義の文化とされていますが、必ずしもそうではないでしょう。中国には、天秤棒をだれが担ぐか、ということについて、こんなことわざがあります。

「一人の和尚がいれば、その人が担ぐ。二人いれば、どちらが担ぐかで喧嘩をする。三人いればだれも担がない」

これは個人主義的な考えを反映したことわざだと思います（もちろん逆の意味のことわざもありますが）。これらの価値志向をもう一度とらえ直していく必要もあるのではないでしょうか。

3 人間関係と目的とどちらが大切？

　ここで、2節で紹介した価値志向のほかに、**課題達成型**と**人間関係重視型**の2つの価値志向を挙げて、これらの価値志向がコミュニケーションにどのように現れているかを見てみたいと思います。課題達成志向とは、目的達成を重視するという志向で、余計な回り道はせず、効率的に定められた目標を達成しようとする志向です。人間関係重視志向とは、目的達成のために効率的に行うよりもむしろ人間関係を重視する志向です。この2つの価値志向が異なっていると、思わぬすれ違いや誤解が生じてしまいます。

　では、ここで課題達成型のコミュニケーションと人間関係型のコミュニケーションの異なったスタイルを持つ人たちのディスカッションを見てみましょう。

会話例

A：新しいビルの建設についていろいろな意見が出ましたが、整理してみたいと思います。まず、建物の前に緑地スペースを作るということですが、予算面についてはどうでしょうか。予算の範囲内で大丈夫でしょうか。

B：新しい緑地スペースといえば、山中公園の緑地スペースは見事ですよ。この前あそこに行ったんですが、景色もなかなかよかったですよ。

C：そうですか、で、そこにはどうやって行けばいいんですか。

A：（ちょっといらいらして）あの、新しいビルの前につくる緑地スペースの予算の話をしているのですが。

　Aさんは課題達成型、BさんとCさんは人間関係重視型ですね。Aさんは会話の中でトピックについて話し、課題を達成しようとしていますが、BさんとCさんは、課題から外れても、相手との人間関係のほうを重視しています。この異なった志向を持つ人たちがディスカッションしようとすると、さまざまな不満を持ってしまいます。このように、私たちの日常生活の中では、価値志向の違いがコミュニケーションスタイルの違いに現れる場合もよく見られるのです。人間関係重視か課題達成重視かはコミュニケーション以外の

行動でも見られると思います。

　もう一度身近な出来事を思い出して、価値志向という観点から考えてみてはいかがでしょうか。

④ 摩擦をポジティブに受け止める ─多様性は創造の宝庫！

　さまざまなバックグラウンドを持つメンバーで構成される多文化クラスも楽しく交流するというだけではなく、さまざまなトラブルや摩擦など簡単には解決できない問題が山ほどあります。多文化クラスの教師には、学生間の摩擦やトラブルなどに対処していく能力も求められます。「約束を守ってくれない」「日本人はストレスを感じていても相手にはっきりと苦情を述べてくれない」「あんなことを言われて傷ついた」など、これまでさまざまな摩擦がありました。時には逃げ出したくなるほどのストレスを感じたこともあります。しかし、ストレスは成長の機会でもある、とポジティブに受け止めることが大切ではないでしょうか。教師の役割は、学生に誤解の原因は何かを気づかせ、なるべく当事者間で解決できるようにすることではないかと思います。例えば、摩擦が起きてしまったときの自分と相手の行動について、何を期待していたのか、実際の行動はどうだったのか、その行動には双方にとってどんな意味があったと思うのか、そして双方はどう感じていると思うか、それぞれ聞いていき、どの時点ですれ違いが起きてしまったのか、当事者自身に話させていく過程で本人に気づかせるということが、一つの方法ではないかと思います。また、相手と話すときには聞き手に徹し、「はい」「いいえ」で答える閉じた質問（Closed question）ではなく、自由な回答ができる開いた質問（Open question）をしていくことが大切です。例えば「この問題の原因は○○ですよね」と言われるよりも、「どんなふうに悩んでいるんですか」と言われるほうが、リラックスして自由に思ったことを話すことができます。語学教師の場合はつい閉ざされた質問をしてしまいがちですが、意識すれば、開いた質問ができるのではないかと思います。教師自身も学生と共に悩みながら、双方が次第に成長していくのではないでしょうか。

　ここでは教室場面を例にしましたが、ここで述べたことは、教室場面だけではなく、多文化環境の職場や、地域の日本語教室などさまざまな場面でもあてはまるのではないでしょうか。

　また、「価値の多様性」は創造を生み出す可能性を持つ、という考え方も大切だと思います。UCLAビジネススクールの元リサーチャーであるキャロル・コバッチは、多文化チームで仕事をした場合、極めて効果的か、極めて非効果的かのいずれかに二極化してしまう、ということを明らかにしました。つまり、多文化チームはうまく運営されれば**シナジー効果（相乗効果）**があり、大成功になるが、もしうまく運営されなければ、負のシナジーになり、大失敗になるというものです。必ずしもすべてのケースがこのように当てはまるとは言えないと思いますが、この結果は興味深いことを示唆していると思います。

　ナンシー・アドラー（Adler, N. 1997）は多様性を持ったグループの利点と欠点として次のことを挙げています。

　利点：創造性の増大、広い視野、より多くの優れたアイデア

　欠点：一体感がない、不信感、固定観念、魅力がない、コミュニケーション・ミス、ストレス、緊張

　私たちは、多様なバックグラウンドを持ったメンバーのチームというと、すぐに違いに注目したり、摩擦に注目したり、ネガティブな面に目がいきがちなのではないでしょうか。でも、価値の多様性をポジティブなものに受け止めれば、多文化チームはずっと素晴らしい効果を挙げる可能性を持っているのです。多様性というのは創造性の宝庫なのです！

📖 column……コラム

▶ 「価値観」の関連研究から

コラム1　ホフステードの文化的価値観の研究

　ホフステード（Hofsted 1995）は、仕事に対する文化的価値観として次の4つを挙げている。

①**権力格差**（Power distance）：それぞれの国の制度、組織において、権力の弱い成員が、権力が不平等に分布している状態を予期し、受け入れている程度。

②**不確実性回避**（Uncertainty avoidance）：ある文化の成員が不確実、未知の状況に対して驚異を感じる程度。

③**個人主義／集団主義**（Individualism/Collectivism）：個人と個人のつながりの強さ、弱さを示す程度。個人主義の社会では、個人と個人の結びつきはゆるやかである。集団主義の社会では、メンバー同士の結びつきの強い集団に統合される。

④**男性的価値／女性的価値**（Masculinity/Feminity）：（生物学的ではなく）社会・文化的に規定された性的役割の程度。感情面での性的役割が明確に区別できる社会は男性らしく、重なり合っている社会は女性らしいといわれる。性別による社会的役割の区別が明確か（男性的価値）、不明確か（女性的価値）の程度。

コラム２　アジアの教科書にみる「いい子像」

　塘他（2005）は、アジアの小学校の教科書にどのように「いい子像」が描かれているかを調査している。調査対象となった教科書は、1960年代（一部1970年代）と2000年に発行された「国語」の教科書である。分析の結果、日本では、「個人」がより重視されるようになってきたという。韓国では、「自分のやり方を変えてでも相手や周囲に合わせる」傾向がみられた。また、台湾の場合、他者から支援を受けたりした時には他者に対して明確に感謝することが求められている傾向が現在もあるという。中国の場合は、他者と交渉していく対人関係の調整スキルを重視する傾向があるという。タイの場合は、恩を与え、受けるという恩義を重視する傾向がみられたという。

　これらの調査結果から、国によって「いい子像」が異なることが示されているが、これは価値観の違いも示しているといえるだろう。（塘利枝子編『アジアの教科書に見る子ども』（ナカニシヤ出版）より抜粋）

✎ voice……声

焼きそば一人前！？

● 米国から来た留学生と日本人合わせて10人で飲み会をしたときのこと。「焼きそばを4人分注文しよう」と留学生が言うので、4人分注文しました。4皿が届けられ、「さあ、みんなで食べよう」とつつこうとしたとき、留学生たち4人がめいめい自分のところに焼きそばを置いて、それぞれ1皿ずつ食べはじめたではありませんか！「えっ、一緒に食べるんじゃなかったの？」と驚いてしまいました。（日本）

決め方の違いにストレス

● 日本人と一緒に何かするとき、いつも決めるのが大変です。「〜しよう」と言わずに「〜すればいいんじゃないの」とか「〜すれば」とか曖昧なので、本当にそう言っているのかどうかわからなくて迷います。それから、決めるとき、人の意見ばかり聞いていて時間がかかります。もう少し早く決めればいいのにと、ときどき思います。（留学生）

◯ case……事例

ケース1 時間とあいさつどちらが大切？

　南米に旅行した帰りに飛行機に乗ろうとした日本人のAさん。出発前に乗務員がチケットを確認する場面で、乗客の一人ひとりに「こんにちは、元気？〇〇さん」と英語であいさつしながら乗客の名前を呼んでにこにこ確認していました。あいさつをすることのほうが関心があるようで時間が過ぎるのはあまり気にしていないようです。しかし、時計を見ると出発時刻を過ぎようとしています。Aさんは「あいさつはいいから、時刻通りに出発してほしい」と思ってしまいました。

ケース2 どうして早く返事をくれないの？

　日本の大学で働くCさん。国際交流の委員会のメンバーとして、国際交流にかかわる仕事をしています。あるとき、外国の大学で国際交流を担当しているSさんから連絡があり、毎年行っている英語研修のプログラムにフィールドワークを増やしてはどうかという提案がありました。もっともだと思ったCさん、「委員会で検討してから返事をします」と答えました。Sさんは、新年度のプログラムを宣伝するために、一刻も早くその返事がほしくて待っています。ところがCさんの返事は曖昧で、1週間たってもなかなかイエスかノーかはっきりしてくれません。Cさんは、個人的には非常にいい提案だと思い、イエスと言いたいのですが、月に1回行われる委員会で全員一致で決定しないと返事ができないのです。一方、Sさんの場合、その仕事に関しては決断を一人に任せられているので、すぐに一人で決定し、提案や返事ができる立場です。Sさんは「なぜCさんは早く決定できないのだろう。決断が遅いせいだろうか。Cさんは行動力がないなあ」と思い、いらいらしてしまいました。さて、あなたはこのケースを読んで、どんな価値観の違いが摩擦の原因になっていると思いますか。どのように解決していったらよいと思いますか？

ケース3 「とりあえず」は契約違反！？

　Aさん、Bさんの立場を書いた次の文章を読んでみましょう。なぜ摩擦が起きてしまったのでしょう。あなただったらどうしますか。
〈学生Aさんの立場〉

　Aさんは米国の大学で学ぶ米国人学生。日本語の集中プログラムで日本へ行くのを楽しみにしています。オリエンテーションのときにホストファミリーの名簿を配られたAさんは、お世話になる家族の構成を見て、おみやげを買いました。ファミリーに会えるのを楽しみにして来たのですが、日本に来てみると別のファミリーになっているではありませんか。交通費も、名簿の住所を見て計算して持ってきたのに、さらに遠い所になってしまったのです。どうしても納得がいかないAさんは、オリエンテーションのときに配られたファミリーの名簿通りでなければ契約違反だと主張します。

〈コーディネーターBさんの立場〉

　Bさんは日本の大学で交流の業務に携わっています。日本語の集中プログラムのことで米国の大学とやりとりをしていますが、「オリエンテーションのときに配るのでファミリーの名簿を送ってほしい」と相手の大学から頼まれ、お世話になるホストファミリーの団体から送られてきた名簿を送りました。ところが、その後いろいろな都合で、ファミリーと学生のマッチングを変えざるを得ない状況が起こりました。多少の変更はあり得ると理解されていると思っていたのですが、その後、日本にやってきた学生から「最初の約束と違う」と言われ、面食らってしまいました。

✒ Let's practice……実践してみよう

❶「ことわざについて —どんな価値観が影響している？」

目的：ことわざに反映される価値観について考える。

　ことわざは言葉の背後にある価値観を反映しています。言葉は魂＝力を持っていると言えるでしょう。言葉が生き方や価値観に影響を及ぼし、そして価値観はさらに言葉に影響を及ぼします。ことわざを通して、言葉の背景にある自分自身の価値観について振り返ってみましょう。

方法：あなたがこれまで育ってきた中で、両親や祖父母、先生、本、テレビなどがあなたに伝えたいと思っている価値観などを、ことわざという形で教えられたことがあったと思います。その中であなたに影響を与えた10のことわざは何でしょうか。思い浮かぶ順にそれらを書いてください。また、それぞれのことわざの中にある価値観を右側に書いてください。

解答例：（ことわざ）　　　　　（価値観）

　　　　石の上にも三年　　　忍耐強さ

　　　　石橋をたたいて渡る　慎重さ

ことわざの例：

急がばまわれ　　猿も木から落ちる　　二兎を追う者は一兎をも得ず
ローマは一日にして成らず　　百聞は一見に如かず　　河童の川流れ
早起きは三文の徳　　人のふり見てわがふり直せ

> ⚠ ことわざは、学校教育の中だけではなく家庭など日常生活でも学んでいますがふだん無意識な存在です。しかし人生に影響を与える価値観として根付き、さまざまな局面で影響を与えているものも多いのではないでしょうか。ここではふだん目に見えない価値観を、ことわざを例にして考えてみましょう。

❷ 「リーダーはだれにする？」

目的：価値観の違いを体験する。

方法：今度、あなたの会社のプロジェクトチームでリーダーを決めることにしました。あなたは、どの人がリーダーに一番ふさわしいと思いますか。グループで話し合って最もふさわしい人を決めてください。

Aさん：決断力が早く、仕事を早く片付けることができる。ただ、少しそそっかしく、ミスをすることもときどきある。

Bさん：一番若い。責任をもって最後まで地道に努力をする人。でも、仕事が少し遅い。

Cさん：比較的若い。とても温かい性格で、包容力があり、人の意見をよく聞く。しかし、決断力があまりない。

Dさん：非常に能力がある。しかし、人とコミュニケーションすることがあまり得意ではなく、少し短気である。

Eさん：一番年輩の人。とても穏やかである。人と話をするのが好きであるが、仕事とあまり関係のない話が多い。また、仕事を早く片付けることは得意ではない。

....

🔲 何かを決定するとき、自分が何に「こだわり」をもっているのかが浮き彫
　りになり、それが異なると意見が対立します。この「こだわり」には価値
　観が影響していることが多いのです。皆さんはそれぞれどんな「こだわり」
　で選んでいたのでしょうか。

....

❸ 「こんなとき、だれが払う？」

目的：価値観の違いについて体験する。

方法：今日は山田さんの誕生日です。鈴木さんの誘いで、5 人で食事に出掛
　けました。5 人とも同じサークルに所属しています。みんなでおいし
　い中華料理を食べました。さて、その後の支払いは、だれが、どんな
　ふうにすると思いますか。

　　　　出掛けた 5 人は次の通りです。

　　　　　山田さん：20 歳・女　　　大野さん：20 歳・女

　　　　　田中さん：22 歳・女　　　鈴木さん：22 歳・男

　　　　　遠藤さん：21 歳・男

学生のディスカッションから：

学生 A（日本）：私は一番年上の男性である鈴木さんが払うべきだと思うな。

学生 B（韓国）：いや、韓国では、この場合みんながプレゼントを持ってき
　　　　てくれるから、そのお返しとして、一次会では、山田さんが全額払う
　　　　場合が多いです。韓国では、食事のとき、男や年上の人が払うことが
　　　　かなり多いです。日本に来て割り勘があるのを知ってびっくりしまし
　　　　た。

学生 C（中国）：中国でも山田さんが全額払う場合があります。でも、日本
　　　　の場面だから日本人のことを想像して、山田さんのほかの人が割り勘
　　　　すると思います。

学生 D（中国）：僕も中国人だけど、もし社会人だったら、一番お金を稼い
　　　　でいる人が払うよ。

学生E（日本）：えっ？　そんな、だれが一番給料が高いかなんて普通わからないよ。

学生D（中国）：中国ではよく話すよ。

学生F（日本）：私だったら鈴木さんが多めに払ってあとの人は割り勘かな。

学生G（日本）：山田さんの誕生日だから、山田さん以外が割り勘だよ。

学生H（日本）：年上の鈴木さんと田中さんが全額払うべきだと思うけど。

学生 I （日本）：私のサークルだったら、年齢が上がるほど金額を高くするという方法で払います。

> ❗ ここでは多文化クラスでのディスカッションの事例を挙げましたが、支払いの仕方も価値観が影響しています。何を大切にしているのかについて話し合ってみましょう。

❹ 「こんなとき、どうする？」

目的：人間関係重視型、課題達成型の２つの価値観について考える。

方法：あなたは今、仕事で佐々木さんに会うために出掛けなければならず、準備をしています。出発の５分前に友人の佐藤さんが現れました。佐藤さんはあなたと話したそうにしています。さて、あなたなら、どうしますか。

> ❗ 日常生活での瞬時の決断でも価値観が影響していることがあります。この場面だけではなくさまざまなちょっとした決断も、それまで培ってきた価値観が無意識に影響しているのです。

❺ 「幼いころ読んだ本」に見る価値観

目的：本を通して得られる価値観について考える。

方法：あなたが幼いころに読んだ本の中であなた自身の生き方、考え方に影響を与えた本はありますか。その本はどのような価値観を重視していますか。振り返りながら考えてみましょう。

> **！** 幼いころ読んだ本で印象に残っている本は大人になってもよく覚えているものです。「価値観」という観点からその記憶を解きほぐしてみると、その本からさまざまな影響を与えられていたことに気づくのではないでしょうか。

第 10 章

視点を変えるということ

● プロローグ

　「桃太郎」という童話があります。この物語は、桃太郎が主人公で、さるなどを家来にして鬼が島に戦いに出掛ける内容になっています。でも、もし、鬼が主人公だったらどんな物語が出来上がるでしょうか。いろいろな物語を、主人公とは異なった登場人物の視点に立って読んでみると、元の物語とは全く違う世界が開けてくるのではないでしょうか。さまざまな身の回りの出来事について視点を変え、とらえ直していくということはどのようなことでしょうか。

　ここでは視点を変えることについて考えてみましょう。

● キーワード

視点を変える　当事者　クリティカル

1 視点を変えるということ

　米国の大学に留学していたときのこと。ある日、図書館でレポートを書いていて、ふと目を上げると、壁に世界地図が張ってありました。思わず、いつものように、無意識に地図の真ん中に目をやり、日本はどこだろう、と探したのですが、ないのです！　もう一度ゆっくりと地図の端から端まで眺めてみると、日本は、右端の隅っこに、まるで忘れられたように小さく描かれているではありませんか。そのときのショックは今でも忘れられません。確かに形は同じでしたが、欧州が中心の地図では、日本は隅っこに描かれていたのです。欧米から見れば、日本はまさに Far East だったのです。

　では、視点を変えてみるとどうでしょうか。欧州中心の世界地図を日本人の学生に見せたところ、こんな反応がありました。「大西洋って日本の地図では切れているけれど、こんなふうにつながっているんだね」「ヨーロッパとアメリカって割と近いんだね」「それに比べたら日本はだいぶ離れているね」などです。異なった視点から見てみると、思わぬ発見があったりするものです。

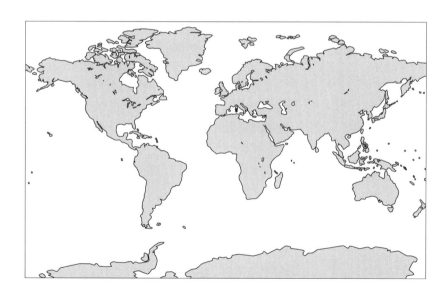

　私たちは、無意識のうちに自分や国を中心に物事を考え、世界観を形成してしまいがちです。日本人が世界地図と聞けばすぐ太平洋中心の地図を思い浮かべるように、米国人は世界地図と聞けばすぐ大西洋中心の地図を思い浮かべるでしょう。

　オーストラリアに行ったときは南北さかさにした地図を見たことがあります。皆さん、左ページの地図をさらに上下さかさまにしてみてください。世界はどのように見えるでしょうか。

　地図の中心を変えてみることでまったく違った世界地図が出来上がるように、視点を変えてみることはとても大切です。身近な例から視点を変えてみるということを考えてみましょう。あなたがもし誕生日のプレゼントとして、すてきなハンカチを友達にあげたとします。友達はどんなことを言うと思いますか。「わあ、すてき！」と飛び上がるか、「うれしい」と自分の気持ちを言うか、「ありがとう！」と感謝の言葉で言うか、「きれいな花模様ね」と具体的に言うか、「気を使ってもらってごめんね」と言うか、どれでしょう（他にもあるかもしれません）。あなたがもし相手に「ありがとう」とひとこと言ってもらいたいと思っているのに、相手が「きれいな花模様ね」と言ったら、物足りなさを感じるかもしれませんね。また、「気を使ってもらってごめんね」などと控えめに言ってもらえればうれしいと思っていたときに「わあ、すてき！」と言われたら、大げさに感じるかもしれませんね。でも、ちょっと視点を変えて相手の立場になってみましょう。ただ表現の方法やどの部分を中心に述べているかが違うだけで、相手も同じように最大限の感謝をあなたに伝えたいのだということがわかります。一見違いがあるように見えても、視点が異なるだけで実は同じことを伝えたいだけかもしれません。

2 「物語再構成」の実践

　筆者は「視点を変える」ことを考えるための実践の一つとして、**物語再構成**という手法を取り入れています。これは、異文化間教育の分野でしばしば取り入れられてきた手法ですが（青木 1996 など）、物語を主人公とは異なっ

た登場人物（あるいは動物）の視点から再構成するという方法です。ふだん
は気に留めることのなかった登場人物にスポットを当て、その立場から物語
を再現することによって視点を変えるということを体験することが目的で
す。単に立場を変えるだけではなく、見方を変え、新しい主人公から見た世
界観を描いていくのです。それには新しい主人公への共感が必要です。こう
したプロセスを経て、物語を作成する中で、ちょうど明かりを照らす角度が
異なるとそれまで隠れて見えなかった部分が見えたりするように、元の物語
で語られなかった部分が明らかになったりします。

　学生たちは、苦心しながらもユニークな作品を創りました。ある学生は『人
魚姫』を魔女の立場から書いています。魔女が、人間になりたがっている人
魚に向かって昔の人魚姫の話を回想する形で話をし、人間にならないほうが
いいと諭すお話です。立場だけでなく時代も変化させているのです（p. 191
「実践してみよう１」参照）。また、ある学生は『浦島太郎』をカメの立場か
ら書いています。浦島太郎が玉手箱を開けて白髪になるのを悲しむのではな
く、「無事に陸の時間に戻ってよかった」とほっとしながら見守るカメの立
場です。立場だけでなく時間観も変えているケースです。また、ある学生は、
『桃太郎』を鬼の立場から書いています。鬼は何も悪いことをしていないのに、
「違う人種を許せない」と言って戦いに来た桃太郎に、共存の必要性を説い
ています。これらの作品を創作するばかりではなく共に読み合い、創作のプ
ロセスを共有するのも視点を変えるという意味を考える上で大切ではないか
と思います。

　日本語教育の現場や日常生活の中でも視点を変えることによって問題解決
に結び付いた、というケースがあるのではないでしょうか。皆さんの日常生
活の中で振り返ってみてはいかがでしょうか。

❸　当事者の立場に立とうとすること

　当事者の立場に立とうとすることの重要性も挙げられます。
　私たちは 100 パーセント当事者の立場に立って考えることができるでしょ

うか。例えば、障がいを持っている人の立場に立つということを考えてみましょう。アイマスクをして歩いてみる、車いすにのってみるなどいくつかの方法が考えられるでしょう。しかし、その体験をしたからといって100パーセント当事者の立場に立てたと言えるでしょうか。

　ある特別支援の専門の先生と話をしていたとき、こんなことをおっしゃっていました。「車いす体験とかで車いすにのっていろいろな場所に行くけれど、それで本当に車いすの障がい者の立場を理解していると思ったら大間違いだ。車いすを使う人は足の力が弱いから、バランスをくずしやすい。でも、健常者は足の力が強いから、バランスが崩れそうなときに自分の足をじかに地面につけて車いすをすぐ止めることができる」。この言葉は衝撃的でした。確かに、健常者が車いすにのったからといっても、あくまで健常者の立場での車いす体験しかできないと言えます。体験を通して「当事者を理解した」と思い込んでも、完全に当事者と全く同じ条件で体験をしたわけではないため、当事者の立場や気持ちを完全に理解したとは言い切れないでしょう。

　また、障がい者を家族にもつ人たちの気持ちや立場に立つのも、そうでない環境で生活している人には難しいかもしれません。坂田（2012）は、障がい者の姉をもつ者として、自分自身の人生を振り返りながら次のように述べています。幼いころ、親がいらだったり悲しい表情をするのを「自分がいけないからみんな困っているのではないか」と自分を責めるようになり、「自分は常にだれかの犠牲にならなければならない」「私の人生はいつも人より苦しまなければならない。そうしないと、私は人（家族、社会）に認めてもらえない」と考えるようになったと言います。しかし、その後親から「無理しなくてもいいんだよ」と言われ、少し楽になり、自分だけではなく姉自身も苦しんでいたことに気づきます。正直わたし（筆者）は、この文章を読むまで障がい者の家族にこんな葛藤があったということについて理解していませんでした。文章を読んでも坂田さんのことを完全に理解できていないかもしれません。しかし、以前に比べ少し理解ができたように思いました。

　車いす体験をしたり文章を読むことで、当事者の気持ちを完全に理解はできないかもしれませんが、当事者の気持ちを理解しようとしたということは言えるのではないでしょうか。

私たちは、当事者の立場に立つことの大切さを重要に思っています。しかし、当事者のことを 100 パーセント完全に理解するのは不可能と言えます。しかし、たとえ 100 パーセント当事者を理解できなくとも、当事者の立場に立とうとすることは重要ではないでしょうか。「100 パーセントわからなくても、相手をわかろうとすること」——これが多文化共生の始まりかもしれません。

4　クリティカルに問い直すということ

　また、**クリティカル**に問い直すということも重要ではないかと言えます。飯野他（2003）は、クリティカルという言葉について、以下のように述べています。

　　　日本語で「批判的」というと、「非難する」といった否定的なことのように思いがちだが、「クリティカルな」（critical）とは、何事も無批判に受け取るのではなく、ものごとを色々な角度からながめ、問題点を探し出して検討したうえで判断することをいう。物事をより正確に理解しようとするあらわれである。(飯野他 2003)

　飯野らの述べるように、ものごとを無批判に受け取るのではなく、さまざまな角度から検討した上で判断することはこれからの多文化共生社会において必要ではないでしょうか。
　では、皆さんがふだん生活していること、学んでいることをクリティカルにとらえ直すということはどういうことでしょう。
　筆者は、学校教員養成の授業の中で、「教科書をクリティカルに問い直す」という授業を行ったことがあります。現在、国内で使用されている小中学校の教科書は、おもに日本で育った生徒を対象に書かれたもので、「日本に育っていれば当たり前に理解できること」を前提につくられているものがほとんどです。しかし、多様な言語文化背景をもった多くの子どもたちが日本の小

学校で学んでいる今、この子どもたちにとっては必ずしも教科書に書かれて
あるコンテクストが理解できるとは限らないでしょう。そこで、小中学校の
教員養成のクラスで、日本の小中学校の教科書をクリティカルに問い直して
みるという授業実践を行いました（p. 192「実践してみよう２」参照）。そ
れぞれの教科書について、日本で育ったバックグランドを持っていない場合
に理解できるかどうかという観点から分析を行いました（徳井 2005b）。

　さまざまな気づきがありました。例えば、『生活』のテキストで「こんな
ことがんばったよ」という項目に、家族で大掃除をしている絵があります。
しかし、たとえ言葉を理解していても、「年末に大掃除をする」という習慣
を理解していないと、この文章や絵は理解できませんね。『音楽』の場合、
音符は世界共通でわかりやすいと思うかもしれませんが、歌のイメージや心
情には理解しにくいものもあるかもしれません。『書写』のテキストでは、「絵
のなかからことばをみつけてかいてみよう」という説明がありましたが、そ
の中には「すいかわり」や「おにぎり」など、実際に日本で生活していない
とわからない語彙がいくつかあります。日本語を母語とする児童生徒の場合
は、「すいかわり」という文字を書く学習なのですが、そうでない児童生徒
の場合は、「すいかわり」という言葉の意味から学ぶ必要があるのです。教
科書をクリティカルに分析することによって、これまで暗黙の了解と思って
いた部分が、多様な言語文化背景をもった子どもたちにとってはそうではな
い、ということに気づいたようです。

　また、日常使われているさまざまな言葉をパワーという観点からクリティ
カルにとらえていく方法も挙げられます。**クリティカル言語認識**（CLA：
Critical Language Awareness）は、言葉とパワーの関係をクリティカルに
とらえようとするものです（フェアクラフ Fairclough 2001）。フェアクラ
フ（Fairclough 1992）は、クリティカルな言語学習の枠組みについて次の
ように述べています。

１）ディスコースは社会によって形成されていると同時に社会を形成してい
　　る

２）ディスコースは知識、社会関係、社会的アイデンティティを形成（そし
　　て変化）させることができる。

3）クリティカル言語認識は社会とディスコースがいかにお互いを形成しているかを明らかにする。

　また、飯野他（2003）は、「CLA は言語現象がいかに社会の考え方や価値観、権力・力関係や地位の不平等さを反映しているか、また、私たちはことばを使うことを通して、いかにそれらを受容し、生産・再生産しているのかを問題にする」と述べています。私たちが「○○の立場の人は力を持っている者だ」のように無意識に規定しているものを意識化していく作業は大切ではないでしょうか。

　フェアクラフ（Fairclough 1992）は、日常よく目にするコマーシャルや広告などについて、その背後に隠れた力関係という視点からとらえ直す実践を提案しています。

　筆者はフェアクラフの実践を参考に、授業の中で広告のキャッチフレーズを学生に見せ、「どんな社会コンテクストのもとで生成されたのか」について特に力関係に焦点を当てながら考えさせました。例えば、ある社長が権限を持っていることを無意識に規定している内容の広告のキャッチフレーズを用いた実践では、学生の回答からは、「社長が最終決定権を持っている社会」「社長の鶴の一声が通りやすい社会」のようにこの広告の背後にパワーが関連していることへの気づきがみられました（徳井 2005a）。多言語多文化化が進む中、言葉を用いる中で無意識に規定されている権力・力関係について意識的にとらえ直していくことは大切ではないでしょうか。

　また、マーティン他（Martin & Nakayama 1996）は、「多くの場合、私たちが従事している社会的組織や役割に力関係がある。例えば、教室の中では一時的ではあるが不平等が生じ、教師がよりパワーを持っている」と述べています（p. 189「コラム 2」参照）。例えば、日本語を教える場面においても無意識に教師の力関係が表れていないかどうか意識しながらとらえ直していくことも大切ではないでしょうか。

　多様な言語文化背景をもつ人たちが増えている今、当たり前のことをそうでない視点からもう一度クリティカルにとらえ直してみることは今後重要になってくるのではないかと思います。

📙 column……コラム

▶ 相手の立場に立つということは

コラム 1　自文化（自民族）中心主義から文化相対主義へ

　自文化（自民族）中心主義とは自分の所属する文化を中心に考える考え方で、自文化を優位とみなします。これに対して文化相対主義とは、いかなる文化にも優越はない、と考えるとらえ方です。

　ベネットは、人は初めは自文化中心の考え方を持っているが、異文化に対する感受性が高まるにつれて、文化相対主義へ移行していくと述べています（p. 51 第 2 章「コラム 3　ベネットの異文化センシティビティモデル」参照）。これを人と人との付き合いの中での移行で考えてみると、次のような例が挙げられるでしょう。

　例えば、ある人を知り、最初は「どうしてあの人はいつも仕事が遅いのだろう」と思っていたとします。これは自分の仕事のペースを基準にして相手の行動を否定的に解釈、評価しているのですが、時がたつにつれ、次第に「なるほど、彼はとても慎重に仕事をしているから一見遅く見えるのね」と相手の立場を基準にしてその立場から解釈、評価できるようになっていったのです。

▶ パワーとコミュニケーション

コラム 2　パワーとコミュニケーションの相互作用

　パワーは、コミュニケーションの相互作用に深く関係している。

　私たちは、コミュニケーションしている人たちの関係は平等であると考えがちであるが、そのような場合は非常にまれである。多くの場合、私たちが従事している社会的組織や役割に力関係がある。例えば、教室の中では一時的ではあるが不平等が生じ、教師がよりパワーを持っている。彼／彼女は、コースを用意し、成績をつけ、誰が話すかを決定する。この場合、パワーは、教師個人にあるのではなく、彼／彼女の役割にある。

　パワーは、動的である。それは一方向的なものではない。例えば教室にいる生徒はパワーがないわけではない。彼らは、彼らのパワーを主張するかもしれない。大きな組織にいる人は、位置づけを変えたりパワーを得るための方法を

見つけられるかもしれない。パワーは、特に、社会的な組織の中では複雑である。性別や階級、人種のような不平等さは教師と学生の一時的な関係よりも、固定している。われわれは、インタラクションの中のパワーダイナミクスの考慮なしには、異文化コミュニケーションを理解できないのである。(Martin, J. N. & Nakayama, T. K.（1996）, *Intercultural Communication in Contexts,* pp.58〜59より、筆者訳)

🔍 case……事例

ケース 「できないこと」から「できること」に視点を変えたら解決した

　小学校で教えているある先生から聞いた話です。「あるとき、外国籍児童Ａさんがクラスに転校してきました。Ａさんは、日本の学校のお掃除の習慣に抵抗を持っていてなじめません。『どうして生徒が自分たちでお掃除しなければならないの？』と言ってお掃除をしないと言い張ります。クラスでは『お掃除ができないＡさん』という見方をする人が多くなっていきました。しかし、あるときクラスでお掃除についての話し合いを持つことになりました。生徒の中から『どうしたらお掃除ができるだろう。Ａさんは、お掃除でも何かできることはあるだろうか』という意見が出ました。Ａさんを交えて話し合ううち、『机や窓ふきだったら抵抗なくできる』ということがわかり、Ａさんはそれをきっかけに少しずつ掃除に参加していきました」

　このケースは『できない』という視点ではなく『できる』ことに視点を変えていったことで、解決していった事例と言えるでしょう。

🖋 Let's practice……実践してみよう

① 「異なった視点から物語をつくってみよう」

目的：異なる視点に立つという意味を考える。
方法：よく語られている物語を、主人公とは別の登場人物の視点に立って、
　　　　物語を再構成してみましょう。（参考：青木 1996）

解答例（物語再構成）：

『人魚姫』
　深い深い海の底。そこにはある魔女が住んでいました。その魔女は不思議
な薬を作ることで人魚の間では有名でした。男が女に変われたり、その反対
になったり、醜いものを美しくしたり、あるいは美しいものをより美しくし
たり。その魔女の薬を使えば大抵のことはできると評判でした。人魚が人間
に変わることさえ可能だと。けれど、今ではその薬だけは魔女は作らないと
言います。人間にあこがれた人魚がどうしてもと切望すると、魔女は薬の代
わりにある一つの昔話を教えてあげました。それは、かわいい人魚姫の、悲
しい恋物語でした。
　「あたしはねえ、あんたが人間になりたいかどうかなんて、全く問題にな
んかしちゃいないんだ。ただ、あの薬はもう作らない。作り方を忘れちまっ
たんだ。最後に作った薬を使ったのは、まだ小さなかわいい女の子だったよ。
　――本当にかわいい子だった。歌がとびきりうまくてねえ。鈴の音よりも
もっと澄んだ声だった。その声と引き換えに、その子は人間になることを選
んだんだ。恋をした人間の男のためだけにさ。信じられるかい？　人間にな
る薬を飲めば、簡単に変わるってわけじゃない。足が引き裂かれるような苦
痛に耐え、呼吸の仕方も変わるもんだから、苦しくてしょうがないだろう。
その上、水中では生活ができなくなるから、今までの暮らしをぜーんぶ捨て
なきゃならないんだ。それでもその子は人間になることを選んだんだよ。たっ
た一人の人間のためにね。（中略）

——さあ、もうお帰り。人間になろうなんて考えるのはおやめ。あんたは人魚なんだ。人魚として幸せにお暮らしよ。こんな美しい海に住めるんだ。結構なことじゃないか」

　さてその人魚が帰った後、魔女はひとつ溜息をつき、一眠りしようと目を閉じました。するとその耳に届いたのはなつかしいあの鈴よりも澄んだ声。驚いてもう一度耳を澄ませても、二度と聞こえてくることはありませんでした。それが空耳だったかどうか、今となってはもう昔むかしのお話です。

（信州大学　教育学部　福田亜子作）

> ❗ 異なる視点に立つことによって、これまで物語の片隅に隠れていた「事実」が浮き彫りになったり、時空を広げることによってさらに新たな物語が展開したり…。視点を自由自在に変換させながら「物語再構成」を楽しんでください。

❷ 「教科書をクリティカルに分析してみよう」

目的：教科書分析を通し、クリティカルな視点を養うことを目的とする。
方法：
　① 小中学校で使われている教科書を選んでください。
　② 教科書の中の文章を「日本で育っていない外国籍児童生徒」の立場に立ち、読み直します。
　③ 言葉の意味だけではなく背景など、理解しにくい部分があるかどうかを批判的に検討します。
　④ グループになり、検討した内容を共有しましょう。

> ❗ 当たり前のこととして読んでいた教科書を、日本で暮らしたことがない立場に立ち、クリティカルな目で問い直すことによってさまざまな気づきが出てくると思います。

❸ 「広告をクリティカルに分析してみよう」

目的：広告の分析を通し、クリティカルな視点を養う。
方法：
　① 新聞や雑誌等の広告を集めてみましょう。
　② 広告を読み、その背後に力関係が見られるかどうかをクリティカルに
　　分析してみましょう。
　③ グループで分析結果を共有してみましょう。

> ❗ 広告は、見る人に向けてコンパクトにメッセージを伝えるもの。しかしその短いメッセージを「パワー」という観点から問い直してみると、その背後にさまざまな構造が浮かび上がってきます。

第11章

地域社会とコミュニケーション

● **プロローグ**

「日本に何年住んでも、隣の日本人と高い壁を感じている」。外国籍住民たちが集まる集会で、こんな声を耳にしました。

一人の生活者として地域に生活するとはどういうことでしょう。あなた自身、生活者として振り返ってみてください。

近所の人とあいさつする。ゴミ出しのルールを守ってゴミを出す。回覧板を回して情報を回す。困ったことがあったら相談する。行事に参加する。緊急のことがあったらすぐに知らせる。振り返ってみると、地域の人たちとの何気ないコミュニケーションがあるおかげでコミュニティの一員としての生活ができているのかもしれません。でも、もしこのようなコミュニケーションができない場合は、コミュニティの一員として生活できないばかりか、孤立感を深めてしまうでしょう。

どのようにすれば、外国人住民がひとりの生活者として地域で孤立することなく、コミュニティの一員として生活することができるか考えることは、多文化共生社会にとって必要なことだと言えるでしょう。多文化共生は、身近な足元から始まるのです。

● **キーワード**

地域社会　言語サービス

やさしい日本語　生活者

❶ 外国で生活するということ

　2019年6月末の日本での在留外国人の数は約280万人となっており、過去最高の数となっています。在留資格別では永住者が最も多くなっています（法務省ホームページ）。日本で生活する外国人の数は今後も増えていくことが予想されるでしょう。皆さんが今この本を読んでいるときの在留外国人は何人になっているでしょうか。

　では、外国で生活するとはどういうことでしょうか。あなたがもし日本に来たばかりで日本語がほとんどできない外国人の生活者だったら。ちょっと想像してみてください。

　毎日出すゴミは、これまでと分別の仕方が違うとどのように捨てればよいのかわからずに戸惑ってしまうかもしれません。全部まとめて出せばよいと思っていたら、細かい分別のルールが決められていて、よくわからない。隣の人にあいさつしようと思っても、気楽なあいさつの方法がわからない。ちょっとしたおしゃべりをする相手がいない。市役所で手続きをしようと思っても、書類に何が書いてあるのかわからない。病院へ行ってもどう説明したらよいかわからない。わからないことを聞く相手がいない。とても寂しく地域から孤立したような気持ちになってしまいますね。

筆者は、地域で行われた外国籍住民の意見交換会に参加したことがありますが、「自分の国にはない年金制度についての説明がほしい」など、さまざまな声が聞かれました（p. 208「地域の外国籍住民の声」参照）。年金制度のように、出身国にはない制度がある場合、不安で、戸惑ってしまうでしょう。でも、わかる言葉で制度を説明してもらい、理解できれば安心して生活することができるでしょう。言葉がわかるということは、情報を知るということにつながり、それが安心できる生活につながるのではないかと思います。

❷　言語サービス

では、言葉がわからない外国人が地域で孤立せずに生活していくためには、どのようなことが必要となってくるでしょうか。

一つには「言語サービス」が挙げられます。河原（2007）は、「言語サービス」について、「外国人が理解できる言語を用いて、必要とされる情報を伝達すること」としています。例えば、まったく日本語のできない外国人のAさんが日本に来てすぐに役所で手続きをするときのことを考えてみましょう。手続きの書類にAさんの母語が書いてあると、内容を理解でき、安心して手続きをすることができますが、日本語のみだと全く手続きができずに不安になるでしょう。

言語サービスの内容として、河原（2007）は、災害・事故・緊急医療など緊急事態の言語サービス、相談窓口、パンフレットやホームページ等による生活情報の提供、多言語での公共掲示、道路標識など、観光案内等を挙げています。また、河原は、パンフレットやホームページ等、外国人に作成者の一人になってもらい日本人と共同で作成するとよいのではないかと述べ、日本人から外国人への一方通行ではなく外国人の声を聞きながらの共同作業が望ましいと述べています。河原の述べるように言語サービスは日本人が外国人を支援するもの、という一方向的に支援をとらえるのではなくて、共同で支援を行っていくという視点が大切かと思います。

現在（2019 年）、法務省は全国に外国人相談センターを 100 カ所設置する

としています。以前、「相談窓口がどこにあるかわからなかった」という外国籍住民の声を聞いたことがあります。相談窓口をつくるだけではなく、その存在を周知し、利用できるシステムをつくって初めて意味をもつことができると思います。また、「文化によってはカウンセリングを受けることに強い抵抗感をもつ場合がある」と横田（1999）が述べているように、問題があっても容易には人に相談にいくことに抵抗を持っている場合もあるかもしれません。相談員も「どうしてこんな問題が大きくなるまで相談に来なかったの」と相手を責めるのではなく、「もともと相談すること自体に抵抗をもっていたのかもしれない」と自分自身のもっていた軸をずらして、自分自身と相談者の関係をとらえ直していく視点をもつ必要があるのではないかと思います

　また、通訳の場合は、言葉に気をつけないと重要な意味を取り違えてしまうという危険性があります。例えば、河原（2007）は、法廷通訳で、相手が死んだ場合、「殺しました」「死なせてしまいました」「死にました」では殺人罪、傷害致死罪、過失致死罪、無罪と異なっているという例を挙げています。意味を取り違えると大変なことになってしまいますね。特に厳密に通訳しなければならない場合は慎重な確認が必要でしょう。

　河原（2007）は、外国人住民によって言語サービスの必要度はそれぞれ異なると述べています。例えば、欧米系の外国人ならば語学教師等注目を浴びやすい職種に就き、日本人から言語サービスの自発的な提供を受けやすいが、1990年の入管法の改正・施行以降に来日するようになった日系ブラジル人や、労働者として来日したアジア人などは、日本人との接触も少なく、日本人から言語サービスを受けることも少ないため、言語的な平等という観点からは、行政は外国人住民の中でも、孤立しがちで情報を受けることの少ない人々の存在を意識して言語サービスを提供してほしいと述べています（河原 2007）。

　多言語で情報提供を行う場合、すべての外国人の母語を翻訳・通訳するのは難しいという限界があるのは否めないでしょう。しかし、その限界はありつつも、日本語が「ほとんど（あるいはまったく）理解できない」レベルの外国人が対象の場合あるいは複雑な内容をそのまま伝えなければならない状況の場合など、多言語での情報提供は重要ではないかと思います。

　皆さんが住んでいる場所では、実際どのような言語サービスがなされているでしょうか。当事者の視点に立ってサービスがなされているでしょうか。情報の量が多すぎてかえってわかりにくくはなっていないでしょうか。町を歩きながら探してみましょう。

3　「やさしい日本語」

　もし、言葉に不慣れな状況で海外で生活しているときに、災害にあったらどんな状況になるでしょうか。災害時には多くの情報が飛び交い、どの情報が正しいのか判断できず、まして言葉がわからなければ情報すら理解することができません。多少言葉がわかったとしても、不安のあまり、情報を過度に解釈して必要以上に恐怖を感じたり、不必要な行動をしてしまう場合もあり得ます。でも何が起きていてどうすればよいのかという正確な情報が伝われば、安心できる状況になるのではないでしょうか。特に災害時は迅速な情報提供が必要です。

　「やさしい日本語」（佐藤、2004）は、阪神淡路大震災をきっかけに考案されたものです。松田・前田・佐藤（2000）は、「簡単な日本語での日常会話ができる程度の外国人にも理解できる日本語を用いた災害情報の表現のしかた」及び「その有効性」について考察を行っています。松田ら（2000）の提案した「やさしい日本語」作成のための基本的な考えについては、「非日本語話者（日本語に不慣れな外国人）にとって難しいと思われる語や理解しにくい表現では、確実に伝えなければならない情報の核となる部分に着目する。そしてその情報を伝えるのにもっとも近い意味のことを、多くの人が知っていると想定される日常的な表現に言い替える」と述べられています。ただ、例えば、よく使われる言葉であれば難しくても「避難所、にげるところ」というようにそのまま言い替えずに用いてその後に説明する言葉を入れる等の工夫もされています。また、カタカナ語や二重否定なども避けているとしています。また、ポーズやスピードなども工夫しわかりやすくしているとしています（松田・前田・佐藤 2000）。

松田ら（2000）が、A ニュースに使われた文と B やさしい日本語に言い替えた文の両方について日本語初級後半から中級前半程度の非母語話者に聞かせ、その内容を理解しているかどうか質問したところ、正答率が前者が29.3％、後者は90.7％だったそうです。以下は松田らが実験に使った文の一部です。なお、松田らは、■は長めのポーズ、□は短めのポーズとしています。

A　避難していた住民たちが自宅に帰宅し、充満していたガスに気づかず、夕食の準備や暖房のスイッチを入れ、新たな出火が起きているという情報があり、消防ではガス漏れにも十分気をつけるよう、呼びかけています。

B　部屋で□ガスが□くさい時は□火を使わないでください■
　　電気も□つけないでください■
　　すぐ□窓をあけてください■
　　ガスが□部屋に漏れていると□火事になるかもしれません■
　　ガスに気をつけてください■

（松田・前田・佐藤 2000　p.154 より）

　さて、皆さんはこの 2 つの文章を読んでどのように感じたでしょうか。日本語の不自由な人の立場に立って A を読んだ場合、どのような難しさがあると思うでしょうか。B の文に書き替えるとき、どのような工夫があったと思いますか。
　「やさしい日本語」は、ある程度の日本語ができる外国人であれば、有効だと言えます。特に少数言語話者にとっても通訳者が見つけられるかという問題なしに情報が得られる、通訳を介さないため即座に伝達できる等の利点があります。ただ、日本語が全くできない人を対象にした場合は難しいことや、どこまで専門用語をそのまま残すべきか判断が難しいことなどが欠点として挙げられます。
　庵・岩田・佐藤・柳田（2019）は、（災害時だけではなく）平時の外国人

への情報提供のあり方として「やさしい日本語」を検討し、マイノリティ（日本語非母語話者）のためだけではなくマジョリティ（日本語母語話者）のためにも「やさしい日本語」が必要であるとしています。

　筆者は地域の日本語ボランティアの研修などで「やさしい日本語」を扱ったことがあります。実際に「やさしい日本語」に書き替える過程で、「わかりにくい日本語が多い」「日本語をやさしくするのが難しい」等という感想が見られます。ある研修で「やさしい日本語」への書き替えを行った時のこと。一番よく書き替えができていたのがボランティアの親と一緒にきた小学生の子どもだったのです。よけいなことを省き、シンプルに、わかりやすく、必要なことだけを伝えるには、子どものような素直な気持ちでいることが大切ということでしょうか。

　以上、2節と3節では言語サービスと「やさしい日本語」を取り上げました。今後ますます地域にも外国人が増加することが予想されますが、情報を提供し、地域で外国人が孤立せずコミュニティの一員として生活していくためには、言語サービスも「やさしい日本語」のいずれも重要な役割を果たすと考えます。そのときの状況、情報の内容、当事者の日本語のレベル等によってどちらが適切かが異なるため、こうした状況を考慮しながら活用していくことが大切なのではないでしょうか。重要なことは当事者の立場に立って考えることではないかと思います。

　災害時にやさしい日本語と多言語情報がSNSを通じて広まったケースもあります。2019年の台風の災害の際に、長野県で日本語が不自由な被災者向けに「やさしい日本語」でツイッターに出された情報の投稿を見た人たちが英語やフランス語、ドイツ語やベトナム語などさまざまな言語に翻訳し広まっていきました。受信者、発信者が固定するのではなく、受信者が発信者となり、情報が広まっていったケースと言えます。このようにSNSは災害時にも多くの人たちとの協働でシナジー効果を生み出す可能性を持っていると言えるでしょう。ただ、実際の災害の現場では電気が使えない場合もあり「スマートフォン」や「テレビ」といった媒体のみだと限界もあります。紙媒体が必要な場合や、言語よりも絵や図のほうがてっとり早い場合もあります。状況に応じてどの方法が最もよいのか判断していく力も必要なのではな

いでしょうか。

4 「地域のひとりの生活者」として生きるということ

　地域における生活者としての外国人にとってはどのようなことが課題なの
でしょうか。石井（2011）は、地域日本語教育の課題として、「よい学習者
を支援するためではなく、生活者として日本社会に暮らすすべての人々を社
会の一員として受け入れ、彼らの社会参加を側面から支えていくことが大切」
と述べています。地域に多くの外国人が住むようになった今、生活者、つま
り社会の一員として外国人を受け入れていく姿勢が必要になってきていると
言えるでしょう。

　筆者が地域での外国籍住民意見交換会に参加したとき、ごく普通の、ひと
りの生活者としての声が聞かれました。例えば、「たけのことりや魚とりの
許可のとり方を教えてほしい」「子どもの反抗期の時の対応について相談し
たい」などです。これは「外国人として」ではなく、「地域で生活している
ひとりの住民としての」悩みと言えるでしょう。「外国籍住民の声」というと、
「外国人」であることだけが強調されたイメージでとらえられてしまいがち
だと思います。しかし、彼・彼女たちは「外国人である」前に、「ひとりの
生活者」である、と気づかされた声でした。

　また、石井（2008）は、生活者である「人」を支える日本語教育を考え
る必要性について、「Life」という概念を提案しています。「生活者の現在の
生活上の問題解決とともにライフステージの移行に伴って現れる新たな問題
や課題をのりこえていくことを支える、その人のこれからの人生を視野にい
れた Life（生活および人生、命）を支える教育」（石井）の必要性を述べて
いるのです。この提案は、単に「生活者」としてとらえるのではなく、命、
人生にひろげてその重要性をとらえたところに意義があると思います。この
概念を支えている根本的なものは「人」として相手をとらえていく視点です。

　この Life という概念は、すべての生活者が生活していくためにはきわめ
て重要な概念です。まず、「命」ですがこれは生活するための原点といえる

でしょう。身の安全、命があって初めて私たちは「生きる」ことができます。新たな土地で初めて生活するとき、まずは安全で安心した環境を望むのではないでしょうか。災害から身を守る、対応の仕方を身に付けることはもちろん必要です。そして、毎日の日常生活です。食べる、働く、コミュニケーションを通して人とつながるといった生活が人を支えていくのです。そして、時間軸という観点を入れると、「人生」も大きな意味を持ちます。誕生、幼年期、学齢期、壮年期、そして老いを重ねて人生を生きていきます。その過程で、成長、節目の選択も含めて、私たちは多くの人たちと出会い、コミュニケーションを通してお互いに影響を与え合いながら、一つしかない人生を歩んでいくのです。生活者としての外国人を考える場合、生活者のひとりというだけではなく、相手がひとつの命を持ち、人生を歩んでいくひとりの「人間」であるということを忘れないでおく必要があると言えるでしょう。

❺ 多文化共生に向けて

　さらに、外国籍住民を「主体的な社会参加の当事者」としてとらえていく視点も必要ではないかと言えます。筆者の参加した外国籍住民意見交換会では、例えば「（出身国の）タイは年寄りには優しい社会だった。（自分は）介護の仕事でもっと社会に貢献できるのではないか」「自分たち外国人も情報発信したい」などです（p. 208「地域の外国籍住民の声」参照）。これらの語りは、外国籍住民が自分自身を「主体的な社会参加」の当事者としてとらえています。外国籍住民の人たちが、主体的に社会参加できる社会を一緒に創っていくことも大切ではないでしょうか。

　山脇（2017）は、「多文化共生」をさらにバージョンアップした「多文化共生 2.0」の観点が必要であると述べています。山脇は、多文化共生 2.0 について「従来の外国人支援の視点を超え、地域社会の構成員として社会参画を促し、外国人がもたらす多様性を活かす仕組み、そして国籍や民族等にかかわらず、だれもが活躍できる社会づくりが今後求められる」としています。さらに「外国人を『支援される側』としてとらえた従来の見方を超えて、外

国人住民の持つ多様性を資源として地域活性化やグローバル化に活かしていく視点」が重要であると述べています（山脇 2017）。ますます複雑化していく社会において地域における多文化共生を考える際、このような視点は重要になってくるのではないでしょうか。

　現在、外国につながりを持つ人たちの中でさまざまな活躍をしている人がたちがいます。世界的に有名になった「ポケモン GO」のゲームディレクターである野村達雄さんもその一人です。自身の自伝（野村 2017）には、中国で貧しい生活を送ったこと、日本に一家でやってきたこと、日本の小学校に入り日本語を学んだこと、文化の壁を感じたりいくつかの失敗を経験したこと、自分自身が中国人であることを積極的に外に出したこと、そして人生を変えるテレビゲームに出合いゲームに夢中になったこと、大学、大学院と進学し米国に渡ったことなどが書かれています。かつて日本で「外国籍の子ども」の一人であった野村さんが、一人の人間として、さまざまな人との出会い、さまざまな経験を経ながら成長し、世界的な活躍をするようになった経緯がつづられています。

　野村さんのケースはまれなケースかもしれません。しかし、野村さんの文章を読むと、人間の持っているさまざまな違いは全く関係なく、だれもが一人の人間として活躍することのできる社会の実現が大切だということに気づかされます。

◆　　◆　　◆　　◆　　◆

　今後、人びとの移動がますます多くなり、社会はより複雑になり、予測不可能な状況にも直面していくことになるかもしれません。こうした複雑で予測不可能な状況に満ちた時代においてこそ、「異なる人々同士が互いの文化差を認め合い、対等な関係を築こうとする動的なプロセス」という「多文化共生」の原点に立ち戻ることは大切なことではないでしょうか。

　多様な背景を持つ学習者を対象としている日本語教育の現場は、「多文化共生」の実現の場の一つともなる可能性をも秘めているのではないかと思います。

📖 column……コラム

▶ 日本における外国人材の受け入れ政策

【コラム 1】 入管法改正（平成 30 年）と外国人材の受け入れ

　2018（平成 30）年 12 月 8 日に入管法（出入国管理及び難民認定法）改正案が可決し、同年 12 月 14 日に公布され、2019 年 4 月 1 日に施行されました。この改正によって新在留資格として「特定技能」が創設されました。外務省のHP によれば（2019 年 10 月 5 日閲覧）、「今回の制度は、深刻な人手不足の状況に対応するため、一定の専門性・技能を有し、即戦力となる外国人材を受け入れようとするものです」と説明がなされています。

　明石（2019）は、この入管法改正により新設される在留資格（特定技能）を含め、外国人就労者について、縦軸を専門性、横軸を定着性とし、以下のように位置づけています。

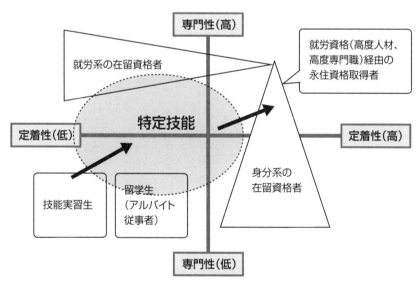

図 6　外国人就労者の位置づけ（明石（2019）作成）

出典：明石純一（2019）「平成30年入管法改正をめぐる一考察」『法律のひろば』4、
　　　ぎょうせい、p.35
注：概念図に過ぎず各グループの規模や位置の実態を厳密に反映しているわけではない。
　　（明石）

そして「特定技能」の1号は技能実習生や留学生に近く、「特定技能」2号は就労系の在留資格者に近いところに位置づけられるのではないかとしています（明石2019）。

コラム2　地域における日本語教育政策

外国人受け入れに関連する日本の政策としては、1972年の日中国交回復、1978年のインドシナ難民の受け入れ（2005年末終了）、1990年施行の出入国管理及び難民認定法の一部を改正する法律（身分または地位にもとづく在留資格に新しいカテゴリーができたこと）などが挙げられます。地域で生活する外国人はこれまでどのようなサポートを受けてきたのでしょうか。

1970年代、日本では中国帰国者、インドシナ難民を受け入れました。そして、公的機関として、中国帰国者定着促進センター、インドシナ難民定住促進センターがつくられ、日本語指導などの支援が行われてきました。しかし、一方で1990年代以降に増加した日系就労者などに対しては公的機関による支援はほとんどなされず、主にボランティアによって支援がなされてきました。地域においてさまざまな外国人が増えた今、こうした人たちに対しても公的な機関も含め支援を行うようにしていくことが重要な課題の一つと言えるでしょう。

コラム3　日本語教育の推進に関する法律

2019年6月28日に「日本語教育の推進に関する法律」が公布、施行されました。この法律の目的としては「日本語教育の推進が、我が国に居住する外国人が日常生活及び社会生活を国民と共に円滑に営むことができる環境の整備に資するとともに、我が国に対する諸外国の理解と関心を深める上で重要であることに鑑み、日本語教育の推進に関し、基本理念を定め、並びに国、地方公共団体及び事業主の責務を明らかにするとともに、基本方針の策定その他日本語教育の推進に関する施策の基本となる事項を定めることにより、日本語教育の推進に関する施策を総合的かつ効果的に推進し、もって多様な文化を尊重した活力ある共生社会の実現に資するとともに、諸外国との交流の促進並びに友好関係の維持及び発展に寄与すること」とされています。（「日本語教育の推進に関する法律」第一章総則　一目的より）

▶ **海外の外国人受け入れ政策例**

(コラム 4)　**韓国の外国人受け入れ政策**

　韓国ではトップダウンによる外国人受け入れ政策が行われています。韓国では、1990 年代から中国や東南アジア出身の外国人が増え始めました。2004 年には外国人単純労働者を有期の正規労働者として受け入れる雇用許可制度、2006 年には満 25 歳以上の外国籍の韓国同胞が一定の要件を満たせば自由に出入国でき事実上自由な就業を許可する訪問就業制度が取り入れられ、多くの外国人が就労するようになりました。2007 年には、外国人に対する差別を防止し、人権を擁護し、社会統合を通じて韓国社会を外国人とともに生きる開かれた社会をつくるという趣旨で在韓外国人処遇基本法が施行されました。また 2008 年には多文化家庭の構成員が安定した家庭生活を営むことができるよう多文化家族支援法がつくられ、各地に政府の支援による外国人センターや多文化家庭支援センターがつくられています。(以上、櫻井 2011 より引用)

　筆者は、2010 年 8 月にソウル市、安山（アンサン）市を訪問しました。A 外国人センターは、ベトナム、インドネシア、モンゴル、中国等の移住労働者や子どもたちに対しての相談、韓国語教育等を行っていました。中級以上のレベルの学習者は、通訳ボランティアを行ったり、海外の貧しい子どもたちのために支援を行う等自らが支援を行う活動を行っていました。センターの所員の一人は、「外国人労働者はかわいそうで支援してあげるのではなく、お互いに助け合うイメージにすることが大切」と語っていました。また、B 外国人センターでは、外国人に対するプログラムだけではなく、市内に住んでいる韓国人住民のために国際理解教育をはじめているということです。スタッフの一人は「外国人だけではなく市民を教育していくことが大切」と語っていました。

✏ voice……声

地域の外国籍住民の声

　地域で行われた外国籍住民の意見交換会で以下のような声が聞かれました（徳井 2012）。

- 💬 具体的な情報提供の要望：「医療制度についての説明がほしい」「ビザや転職の情報がほしい」「年金制度が他の国にないので制度がわからない」「ゴミの処理の仕方がわからない」「休暇の取り方がわからない」「災害時について正確な情報がほしい」
- 💬 多言語サービスの充実についての要望：「表示案内を多言語でしてほしい」「回覧板を多言語サービスにしてほしい」「医療通訳をつけてほしい」「病気や薬を訳したパンフレットがほしい」
- 💬「相談」に関する要望：「DVやメンタルケアについて相談するところがほしい」「子どもの発達や健康について相談したい」「放射線や学校、年金のことなどいろんな相談をしたい」「相談窓口がどこかわからない」
- 💬 主体的な社会参加者の当事者としての要望：「自らイベントを企画したい」「グループをつくって勉強しているが、研修の場、学ぶ場がほしい」「外国人同士の助け合いのグループをつくりたい」「居場所ができれば、イベント、情報交換、相談、連携などすべての問題が解決できるかもしれない」「自分たち外国人も情報発信したい」

地域の母語話者サポーターの声

　地域で外国人にサポートをしている母語話者サポーターの声を聞いてみましょう。どんなサポートをしているのでしょうか。（筆者のインタビューから）

- 💬 いろいろな相談を受けていますが、ビザの入国関係が多いです。その他は結婚手続きや離婚手続きなどもあります。福祉関係では、子ども手当の申請の仕方の相談が多いです。
- 💬 通訳に関しては、病院での通訳が多いです。先生も患者さんも通訳がいないと心配ですよね。それから児童相談所から通訳を頼まれることもありま

す。女性の DV の相談もあります。

🗨労働については、どうして急に解雇されたかわからない、という相談があ
ります。自分が悪いことをしたのではなくて、そのときの状況ということ
をわかりやすく説明するようにしています。

🗨まず聴くことが大切ですね。相談者も自分で何が聞きたいかどうかわから
ないので、ちょっとちゃんと聞いてまとめて確認してこれにしようかって
ね。

🗨ただ話を聞いてもらいたい人もいるんですよね。2 時間もね。（聞いてい
たら）相談者の気持ちも結構軽くなって…。

🔍 **case**……事例

ケース 1 ▷ 地域の多言語サービスを調べる実践から
　　　　　　 －「実践してみよう 2」参考

　教員養成の大学での授業で、地域の多言語サービスについて調べる実践を
行ったところ、以下のような感想が見られました。

・ゴミ袋の多言語サービスを調べた。実際に多言語化されていたのはルール
　を守ることとゴミの減量についてだったが、警告や品質管理者の連絡先な
　ども多言語化すべきだと思った。

・お店に対訳冊子が準備されてあったが、ただ置いてあるだけという印象が
　強かった。

・公共施設の多言語サービスを調べた。施設名は多言語化していたが、出入
　り口の名前やエレベーターの場所等が多言語化されていないので目的地に
　向かうことが難しい。

・オリンピックに使われた施設を調べた。多言語表記されているところは多
　く、シンプルな書き方だけなく矢印など記号も使っていてわかりやすかっ
　た。

・海外からの観光客の多いスキー場の多言語サービスを調べたが、コース上
　の看板にも多言語での表記がなされていた。

- 駅で多言語サービスについて調べた。券売機で乗車券の求め方は日本語でしか書かれていなかった。
- 駅の出口のところでは韓国語表記があるのに、電子掲示板は英語のみで、表示にばらつきがあった。
- 温泉の多言語サービスを調べた。館内は多言語表記がなかった。

ケース2 ▶ やさしい日本語への書き替えの授業実践のふりかえりから ―「実践してみよう3」参考

　教員養成の大学での授業で「やさしい日本語」への書き替えを行ったところ、ふりかえりで以下のような記述が見られました。

- やさしい日本語にするのはかなり難しかった。単語が難しいもの、文の構造が難しいもの、余分な情報が多いもの等難しさの原因はさまざまだが、ふだんから考えていくようにしたい。
- わかりやすいように言い換える作業は意外に頭と時間を使う。わたしたちは日頃こんなに難しい日本語の中で生活しているのだと感じた。やさしい日本語は子どもに対しても便利だと思う。
- 特に災害時等ではやさしい日本語を使ってもらったほうが不安も少ないと思うし、行動もしやすいと思うので、意識することが大切だと思った。ふだんからやさしい日本語が使えるようにしていきたいと思う。
- 伝える目的や相手をしっかり明確化していくことが必要であると感じた。
- なるべく簡単な漢字を使うことも大切だと思った。
- 日本語を日本人のためだけにではなく世界の人のために使っていきたい。
- 今までどちらかというと言葉をより難しく書くことをしてきたが、逆に難しい言葉をやさしくするのは頭も使うし大変だった。
- 一文で伝えたいことを伝えられるようになりたい。
- 外国人にわかるようにしようと考えると難しく考えてしまうが、子どもでもわかるようにしようと思うとやさしい日本語に書き替えやすくなると感じた。
- 日本人が英語で文を作るときとやさしい日本語を作るときの過程が似ているような気がした。

> ⚡ **Let's practice**……実践してみよう

1 「国や地域の在留外国人の数について調べてみよう」

目的：地域に住む外国人の現状について知る。

方法：国（法務省など）のホームページ、あなたの住んでいる地方自治体の
ホームページを見てみましょう。外国人の数、国籍、在留資格別、地
域別に見てみましょう。初めて知ったことはありますか。どのような
特徴がありますか。

> ❗ 在留外国人の統計について実際に調べることで、あなたが今住んでいる地
> 域の状況を把握しましょう。

2 「地域の多言語表示について調べてみよう」

目的：地域に住む外国籍住民の立場になり、多言語表示がどの程度使われて
いるか調べる。

方法：あなたの住んでいる地域において、どの程度多言語の表示が使われて
いるか調べてみましょう。道路標識、道案内、公共の施設、駅、店な
どどんな表示がされているでしょうか。また、多言語化されていない
が必要な場所はあるでしょうか。調べてみましょう。

（注意：外での調査ですので、車や自転車等には注意してください）

> ❗ 外国人の集住地域か分散地域かなど、地域差があるかもしれません。初め
> て来た外国人の立場に立って調べてみましょう。

③ 「やさしい日本語」に書き替えてみよう

目的：身近な文章を言葉が不十分な外国籍住民の立場になって読み、「やさしい日本語」に書き替える。

方法：あなたの身の回りにある身近な文章（新聞や取扱説明書など）を一つ探しましょう。その文章を日本語が不十分な外国人の立場に立って読み、理解できないところをまず見つけましょう。次に、その文章を「やさしい日本語」に書き替えてみましょう。

....

! やさしい日本語にするにはまず、元の文章の意味の中核をつかむところから始めるとよいでしょう。できるだけ文の構造を単純にして、二重否定やカタカナ語などは避けるようにしましょう。

....

④ 「ある外国人のケースを考えてみよう」

目的：地域に住む外国人が抱えている問題を知り、アドバイスを考える。

方法：5〜6名で1グループになってください。次に、以下のAさんのケースを読んでください。

　わたしは、一カ月前にある国から日本にきて子どもと夫とくらしています。日本語はほとんど話せません。この前はゴミの捨て方がよくなかったようで、近所の人に注意を受けました。でも相談する人がいません。また近所でお祭りがあったとき、とても参加したかったのですが、どうやって参加したらよいかわからなくて、さびしく思いました。また、病気になったときに病院でちゃんと伝えられるかも心配です。

1．Aさんはどのような気持ちでいると思いますか。
2．もしあなたが近所に住んでいたら、どのようにAさんにアドバイスしますか。
3．1と2についてグループで共有してみましょう。

> ❗ グループでさまざまな意見を出し合いながら案を考えていくと一人で考えるよりもずっとさまざまなアイデアが浮かぶと思います。できるだけ多様なアイデアを考えてみてください。

❺「お金はだれが払うの？」

目的：地域で起きたあるトラブルについて事例を分析する。
方法：以下の事例を読んでください。次に以下の質問について考え、グループで共有してみましょう。

　私は日本のある地域に住んでいる日本人です。半年前にイスラム教徒のＡさんが家族で同じ地域に住むようになりました。私の住んでいる町では、毎年神社で行われるお祭りの費用を町内会の人たちから集めています。お金が集まらないと神社のお祭りができません。お金を集める当番の私は、Ａさんの家に行ってお金を集めようとしましたが、Ａさんは「私たちはイスラム教なのに、どうして別の宗教の行事のためにお金を払わなければならないの？」と言ってお金を払おうとしません。私は困ってしまいました。

1．ここで問題になっていることはどのようなことですか。
2．Ａさんはどのような気持ちですか。
3．「私」はどのような気持ちですか。
4．もしあなたが「私」だったらどのようにしますか。

> ❗ これは地域で起きたトラブルの事例の一つですが、皆さんの住んでいる地域で他に事例があるかもしれません。グループで話し合うことで複数の解決案が浮かぶのではないでしょうか。

6 「地域に住む外国人のためにパンフレットをつくってみよう」

目的：地域に住む外国人がどのようなことに困っているか理解し、わかりや
　　　　すい日本語で伝えることを学ぶ。

方法：あなたの住んでいる地域に新しく住むことになった外国人を対象にし
　　　　たパンフレットをつくってみましょう。まず、どんなことに困ってい
　　　　るか調べてリストアップしてみましょう。次にそれぞれの項目につい
　　　　て調べ、わかりやすい日本語でパンフレットをつくってみましょう。

🔔 日本語がわからない状況で生活していくとはどういうことか、できるだけ
　当事者の立場に立つような気持ちで考えてみましょう。

あとがき……………………………………………………………………………

　これは、以前米国に滞在中に、あるアフリカ系アメリカ人の学生から聞いた話です。

　「夜遅く一人で歩いていて、向こうから一人で歩いてくる人とすれ違うとき、自分自身とても緊張する。自分が何か犯罪を犯すかもしれないと相手に誤解されるのが怖いので、思いっきりにこにこしながら通りすぎるようにしている。この気持ちがどのようなものかわかりますか？」（第3章 p. 64）

　相手の自分への偏見を恐れて、無理やり笑顔で相手の前を通り過ぎようとしていたというエピソードです。この言葉は、自分にとって想像もしたことのない衝撃的な言葉でした。

　それまで、いろいろな場で「相手の立場を理解している」と思っていたのが、実は「理解していた」「つもり」だったのではないかということに気づいたのです。そして、「偏見はいけない」と頭では思いつつも、実は自分自身の中にも無意識なレベルで偏見があったのではないかと気づいたのです。

　しかし、そういう、不完全な自分や他者をある意味受け入れながらも、「他者と対等な関係を築こうとする動的なプロセス」（「はじめに」p.3）は大切ではないかと思っています。

　本書は、2002年に刊行した『多文化共生のコミュニケーション』を改訂したものです。今回改訂のお話をくださったアルクに心から感謝申し上げます。最初の刊行から約20年たち、世界や日本語教育をとりまく状況も大きく変わりつつあります。現在、社会はより複雑になりつつありますが、「多文化共生」という視点から世界をとらえていこうとすることは今後も大切ではないかと考えます。本書では現場での声やエピソードを取り入れながら、日本語教育の現場を多文化共生という観点からとらえ直すことを目指しました。

　改訂の作業は、昔の自分と向き合う作業でもあり、同時に今の自分と向き合う作業でもありました。作業を進めながら、これまで異文化間教育、異文

化コミュニケーション、日本語教育の分野で多くの出会いがあったこと、そして多くの学生たちや受講生たち、地域の方がたとの出会いがあったことにあらためて感謝の気持ちでいっぱいになりました。本書は多くの方がたとの出会いなくしては完成しませんでした。あらためて心から感謝申し上げます。

徳井 厚子

参考文献 ··

■ はじめに
総務省（2006）『多文化共生の推進に関する研究会報告書』

■ 序章　異文化とは
石井敏・岡部朗一・久米昭元（1987）『異文化コミュニケーション－新・国際人への条件－』有斐閣

L.A. サモーバー他（1983）『異文化間コミュニケーション入門』（西田司他訳）聖文社

細川英雄（1999）『日本語教育と日本事情－異文化を超える－』明石書店

八代京子・町恵理子・小池浩子・磯貝友子（1998）『異文化トレーニング―ボーダレス社会を生きる』三修社

吉田禎吾（1987）「文化」（石川栄吉他編）『文化人類学事典』弘文堂

渡辺文夫（1991）『異文化の中の日本人－日本人は世界のかけ橋になれるか』淡交社

渡辺文夫編（1995）『異文化接触の心理学－その現状と理論』川島書店

Bennett, M. & Bennett, J.（1996）*Comtemporary Methods In Teaching English As A Foreign Language And Intercultural Communication*. San Francisco State University.

Gudykunst, W. & Kim, Y. Y.（1984）*Communicating with Strangers*. Addison Wesley Publishing Co.

Maslow, A.（1987）*Motivation and Personality*. 3rd edition. NY: Harper Collins Publishers Inc.

Triandis, H. C.（1975）Cultural training, cognitive complexity and interpersonal attitudes. In Brislin, R. et al.（eds）, *Cross cultural perspectives on learning*. Halsted Press.

■ 第1章　自分とは何だろう
佐藤郡衛（2019）『多文化社会に生きる子どもの教育―外国人の子ども、海外で学ぶ子どもの現状と課題』明石書店

徳井厚子（2019）「ライフヒストリーを読み解く多文化教育の実践」教育実践研究

18 号

野村達雄(2017)『ど田舎うまれ、ポケモンGOをつくる』小学館集英社プロダクション

松尾知明(2010)「問い直される日本人性—白人性研究を手がかりに」(瀬戸一郎・井沢泰樹編)『多民族社会・日本』明石書店

松本卓三編(1996)『教師のためのコミュニケーションの心理学』ナカニシヤ出版

箕浦康子(2003)『子供の異文化体験 増補改訂版』新思索社

D. C. バーンランド(1979)『日本人の表現構造−公的自己と私的自己−アメリカ人との比較』(西山千他訳)サイマル出版会

森茂岳雄・中山京子編(2008)『日系移民学習の理論と実践』明石書店

Hall, S. (1992) The Question of Cultural Identity. Hall, S., Held, D., Hubert, D. and Tompson, k. (eds.) *Modernity and its Futures*. Cambridge: Policy Press.

_____ (1990) Cultural Identity and Diaspora. In *Identity, Community, Culture, Difference*.(小笠原博毅訳「文化的アイデンティティとディアスポラ」(2014)『現代思想』第 26 巻 4 号)

Luft, Joseph & Ingham, Harrington (1955) The Johari Window: *A graphic Model of Interpersonal Awareness*. Los Angeles: University of California Extension Office.

Miller, G. & Steinberg, M. (1975) *Between People*. Chicago: Science research Associates.

■ 第 2 章　異文化との接触

井上孝代編(1997)『留学生の発達援助−不適応の実態と対応』多賀出版

石井敏・久米昭元・遠山淳編(2001)『異文化コミュニケーションの理論−新しいパラダイムを求めて−』有斐閣ブックス

稲村博(1980)『日本人の海外不適応』NHK ブックス

近藤裕(1981)『カルチュア・ショックの心理』創元社

齋藤ひろみ(2009)「はじめに」および「12 章　子どもたちのライフコースと学習支援—主体的な学びを形成するために」(齋藤ひろみ・佐藤郡衛編)『文化間移動をする子どもたちの学び』ひつじ書房

佐藤郡衛(2001)『国際理解教育−多文化共生社会の学校づくり』明石書店

箕浦康子(2003)前掲

山本志都（1998）「異文化センシティビティ・モデルを日本人に適用するにあたって」
『異文化コミュニケーション』第2号　SIETAR JAPAN

山脇啓造・服部信雄編（2019）『新多文化共生の学校づくり』明石書店

渡辺文夫（1994）「『いま、ここで』を生きる」（渡辺文夫・山崎久美子・久田満編）『医
療への心理学的パースペクティブ』ナカニシヤ出版

渡辺文夫編（1995）前掲

Adler, P. S. (1987) Culture Shock and the cross cultural learning experience. In
Luce, L. F. & Smith, E. C. eds, *Towards Internationalism*. Cambridge, M. A,
Newbury.

Bennett, M. (1993) Towards ethnorelativism: A developmental model of
intercultural sensitivity. *Education for the intercultural experience*. Yarmouth,
ME: Intercultural Press.

Berry, J. W. (1992) Acculturation and adaptation in a new society, *Intercultural
Migration*, 30.

Lysgaard, S. (1955) Adjustment in a Foreign Society: Norwegian Fulbright
Grantees Visiting the United States. *International Social Science Bulletin*.

Kim, Y. Y. & Ruben, B. (1988) Intercultural Transformation: A Systems Theory,
In Kim, Y. Y. & Gudykunst, W. eds, *Theories in Intercultural Communication*.
Thousand Oaks, Sage.

Furnham, A. & Bochner, S. (1986) *Culture Shock*. Methuen.

Oberg, K. (1960) Culture Shock: adjustment to new cultural environments.
Practical Anthropology, 7.

■ 第3章　イメージとステレオタイプ・偏見

根橋玲子（2000）「心理的要因」（西田ひろ子編）『異文化間コミュニケーション入門』
創元社

Brewer, M. B. & Miller, N. (1984) Beyond the contact hypothesis: theoretical
perspectives on desegregation. In Miller, N. & Brewer, M. B.(eds.) *Groups in
contact: The psychology of desegregation*. NY: Academic Press.

Gaertner, S. L., Dovidio, J. F., Anastasio, P. A., Bachman, B. A., & Rust, M.
C. (1993) The common ingroup identity model: Recategorization and the
reduction of intergroup bias. In Stroebe,W. & Hewstone, M (eds.) *European*

Review of social psychology, vol.4.

Trenholm, S. & Jensen, A.（1996）*Interpersonal Communication*. Belmont, CA: Wadsworth.

■ 第4章　人と出会うということ

井上孝代編（1997）前掲

岩男寿美子・萩原滋（1988）『日本で学ぶ留学生‐社会心理学的分析』勁草書房

ゲーリー・アルセン（1999）『留学生アドバイザーという仕事‐国際教育交流のプロフェッショナルとして』（服部まこと・三宅政子監訳）東海大学出版会

CINGA 地域日本語実践研究会編（2018）『多文化共生の地域日本語教室をめざして―居場所づくりと参加型学習教材』松柏社

杉澤経子（2003）「在住外国人向けの事業にみる地域ネットワーキング」『異文化間教育』18号

栖原暁（1996）『アジア人留学生の壁』NHK ブックス

徳井厚子（1999）「多文化クラスにおける評価の試み‐自己変容のプロセスをとおして見えてくるもの‐」『メディア教育研究』3号、メディア教育開発センター

＿＿＿＿＿(2016)「外国人相談員のコミュニケーション ―「関係調整」に焦点をあてて」信州大学教育学部研究論集9号

坪井健（1994）『国際化時代の日本の学生』学文社

＿＿＿＿＿（1999）「留学生と日本人学生の交流教育」『異文化間教育』13号

野山広（2003）「地域ネットワーキングと異文化間教育」『異文化間教育』18号

松本卓三編（1996）前掲

横田雅弘（1991）「留学生と日本人学生の親密化に関する研究」『異文化間教育』5号

米山俊直（1976）『日本人の仲間意識』講談社現代新書

渡辺文夫（2002）『異文化と関わる心理学』サイエンス社

Knapp, M. L.（1978）*Social Intercourse: From Greeting to Goodbye*. Boston: Allen & Bacon.

■ 第5章　人とコミュニケーションするということ

岩宮恵子（2019）「SNS の闇」『心理臨床の広場』22、日本心理臨床学会

ウィリアム・S. ハウエル・久米昭元（1992）『感性のコミュニケーション－対人融和のダイナミズムを探る』大修館書店

石井敏・岡部朗一・久米昭元（1987）前掲

石井敏・久米昭元・遠山淳編（2001）前掲

サモーバー他（西田司他訳）（1983）前掲

塚本三夫（1985）「コミュニケーションの論理と構造」（佐藤毅編）『コミュニケーション社会学』サイエンス社

徳井厚子（1999）「異文化接触場面における摩擦の要因－評価の側面の差からみえてくるもの」『日本語の地平線』くろしお出版

_____（2001a）「グループ結成初期および後期におけるコミュニケーション意識の変化－多文化クラスにおける課題達成プロジェクトの実践とその分析－」信州大学教育学部紀要 103 号

_____（2001b）「言語行動の対照研究と日本語教育」『対照研究と日本語教育』平成 13 年度日本語教育短期研修（第 4 回）国立国語研究所

_____（2011）「異文化コミュニケーション教育の今日的課題」『日本語学』Vol.30-1 明治書院

_____（2012）「日本語のコミュニケーション教育を阻む要因」（野田尚史編）『日本語教育のためのコミュニケーション研究』くろしお出版

橋本満弘・石井敏編（1993）『コミュニケーション論入門－コミュニケーション基本図書〈第 1 巻〉』桐原書店

エドワード・T. ホール（1977）『文化を超えて』TBS ブリタニカ

宮原哲（2006）『新版 入門コミュニケーション論』松柏社

安良岡康作（1966）『徒然草全注釈』角川書店

吉川宗男・行廣泰三（1989）『文化摩擦解消のいとぐち』人間の科学社

渡辺文夫（2002）前掲

Berlo, D.（1960）*The Process of Communication*. New York: Holt, Rinehart and Winston, Inc.

Shannon, E. and Weaver, W.（1949）*The Mathematical Theory of Communication*. Urbana, Ill.: The University of Illinois Press.

Schramm, W.（1954）How Communication Works. *The Process and Effects of Mass Communication*. Urbana, Ill.: The University of Illinois Press.

■ 第6章 外国語でコミュニケーションすること

東照二（1994）『丁寧な英語・失礼な英語－英語のポライトネス・ストラテジー－』研究社出版

徳井厚子（1997）「留学生に俳句を教える―日本語・日本事情教育の中で」『信州大学教育学部紀要』90号

＿＿＿＿＿（1999）前掲

＿＿＿＿＿（2014）「複数言語サポーターはどのように複数の言語を使用しているのか―語りからみえてくるもの」『多言語多文化―実践と研究』Vol.6、東京外国語大学多言語・多文化研究教育センター

西阪仰（1997）『相互行為分析という視点』金子書房

西山教行（2010）「複数言語・複文化主義の形成と展開」（細川英雄・西山教行編）『複言語・複文化主義とは何か ―ヨーロッパの理念・状況から日本における受容・文脈へ―』くろしお出版

J. V. ネウストプニー（1982）『外国人とのコミュニケーション』岩波新書

好井裕明他（1999）『会話分析への招待』世界思想社

Council of Europe（2002）, *Common European Framework for Reference of Languages: Learning, teaching, assessment*, 3rd printing in 2002. Cambridge University Press. (吉島茂・大橋理枝他 （訳）（2004）『外国語教育Ⅱ 外国語の学習、教授、評価のためのヨーロッパ共通参照枠 追補版』朝日出版社)

Brown, P. & Levinson, S.（1987）*Politeness: some universals in language usage*. New York: Cambridge University Press.

Klopf, D. W. & Cambra, R. E.（1979）Communication apprehension among college students in America, Australia, Japan and Korea. *Journal of Psychology*, 102.

McCroskey, J. C.（1982）Oral communication apprehension: A reconceptualization. *Communication Yearbook* 6. Beverly Hills, Sage.

■ 第7章 非言語コミュニケーションを考える

池田理知子・E. M. クレーマー （2000）『異文化コミュニケーション・入門』有斐閣アルマ

サモーバー他（1983）（西田司他訳）前掲

東山安子（1993）「日本人の非言語コミュニケーション」（橋本満弘・石井敏編）『日

本人のコミュニケーション』桐原書店

鍋倉健悦他（1990）『異文化コミュニケーションへの招待－異文化の理解から異文化との交流に向けて』北樹出版

エドワード・T. ホール（1970）『かくれた次元』（日高敏隆・佐藤信行訳）みすず書房

＿＿＿＿＿＿＿＿＿＿（1983）『文化としての時間』（宇波彰訳）TBS ブリタニカ

御手洗昭治（2000）『異文化にみる非言語コミュニケーション－V サインは屈辱のサイン？』ゆまに書房

Hall, E. T.（1966）*The Hidden Dimention*. New York: Doubleday.

Samovar, L. A. & Porter, R. E. & Jain, N. C.（1981）*Understanding Intercultural Communication*. Wadsworth.

■ 第 8 章　誤解はどこから生まれるのか

荒木晶子（1995）「異文化接触とコミュニケーション」（渡辺文夫編）『異文化接触の心理学』川島書店

上原麻子（1996）「異文化間コミュニケーション研究の現状と課題」『異文化間教育』10

ウィリアム・B. グディカンスト（1993）『異文化に橋を架ける－効果的なコミュニケーション』（ICC 研究会訳）聖文社

大橋敏子・近藤祐一・秦喜美恵・堀江学・横田雅弘（1992）『外国人留学生とのコミュニケーションハンドブック－トラブルから学ぶ異文化理解－』アルク

徳井厚子（1995）「誤解はどこから生まれるか－留学生と日本人学生のコミュニケーションブレークダウンへの対処をめぐって－」信州大学教育学部紀要 86 号

＿＿＿＿＿（2002）「日米学生討論場面における異文化摩擦－ビデオを利用したプロセスリコール」『メディア教育研究』8 号、メディア教育開発センター

直塚玲子（1980）『欧米人が沈黙するとき－異文化間のコミュニケーション』大修館書店

西田ひろ子（1989）『実例でみる日米コミュニケーションギャップ』大修館書店

J. V. ネウストプニー（1982）前掲

西田司他（1989）『国際人間関係論』聖文社

林吉郎（1994）『異文化インターフェイス経営－国際化と日本的経営』日本経済新聞社

古田暁・石井敏・岡部朗一・平井一弘・久米昭元（2001）『異文化コミュニケーションキーワード（新版）』有斐閣双書

八代京子・町恵理子・小池浩子・磯貝友子（1998）前掲

八代京子・荒木晶子・樋口容視子・山本志都・コミサロフ貴美（2001）『異文化コミュニケーションワークブック』三修社

Albert, R. (1995) The Intercultural Sensitizer / Culture Assimilator as a Cross-Cultural Training Method, *Intercultural Source book: Cross-Cultural Training Methods*. Yarmouth, Maine: Intercultural Press, INC: 10.

Wight, A. (1995) The Critical Incident as a Training Tool, *Intercultural Sourcebook: Cross-Cultural Training Methods*. Yarmouth, Maine: Intercultural Press, INC: 10.

Brislin, R. (1995) The Culture-General Assimilator, *Intercultural Sourcebook: Cross-Cultural Training Methods*. Yarmouth, Maine: Intercultural Press, INC: 10.

Ruben, B. D. (1976) Assessing communication competency for intercultural adaptation. *Group and Organizational Studies*, 1.

■ 第9章　価値観の相違を考える

G. ホフステード（1995）『多文化世界 – 違いを学び共存への道を探る』有斐閣

古田暁・石井敏・岡部朗一・平井一弘・久米昭元（2001）前掲

守崎誠一（2000）「価値観」（西田ひろ子編）『異文化間コミュニケーション入門』創元社

八代京子他（1998）前掲

塘利枝子編（2005）『アジアの教科書に見る子ども』ナカニシヤ出版

Adler, N. (1997) *International Dimention of Organizational Behavior*. South-Western College Publishing.

Kluckhohn, F. R. & Strodtbeck, F. L. (1961) *Variations in value orientations*. Evanston, IL: Row, Peterson.

■ 第10章　視点を変えるということ

青木順子（1996）『異文化コミュニケーションと教育』渓水社

飯野公一・恩村由香子・杉田洋・森吉直子（2003）『新世代の言語学』くろしお出版

坂田麗子（2012）「異文化体験と障がいをもつ家族との関係」（加賀美常美代・横田雅弘・坪井健・工藤和宏編）『多文化社会の偏見・差別―形成のメカニズムと低減のための教育』明石書店

徳井厚子（2005a）「言語意識を問い直す―Critical Language Awareness の実践」信州大学教育学部紀要 115 号

＿＿＿＿＿（2005b）「教科書の批判的分析を導入した授業実践の試み」信州大学教育学部紀要 116 号

Bennett, M.（1993）Towards ethnorelativism: A developmental model of intercultural sensitivity. *Education for the intercultural experience*. Yarmouth, ME: Intercultural Press.

Fairclough, N.（1992）*Critical Language Awareness*. England: Longman.

Fairclough, N.（2001）*Language and Power* 2nd edition. Edinburgh: Pearson Education limited.

Martin, J. & Nakayama, T.（1996）*Intercultural Communication in Contexts*. CA: Mayfield Publishing Company.

■ 第 11 章　地域社会とコミュニケーション

明石純一（2019）「平成 30 年入管法改正をめぐる一考察」『法律のひろば』4、ぎょうせい

石井恵理子（2008）「地域日本語教育システムづくりの課題と展望」（国立国語研究所編）『日本語教育年鑑 2008』

＿＿＿＿＿＿（2011）「共生社会形成をめざす日本語教育の課題」（馬渕仁編）『「多文化共生」は可能か』勁草書房

庵功雄・岩田一成・佐藤琢三・栁田直美編（2019）『〈やさしい日本語〉と多文化共生』ココ出版

河原俊昭（2007）「第 1 章　外国人住民への言語サービスとは」（河原俊昭・野山広編）『外国人住民への言語サービス』明石書店

櫻井恵子（2011）「韓国における多文化家庭の子供の教育」（江原裕美編）『国際移動と教育』明石書店

佐藤和之（2004）「災害時の言語表現を考える」『日本語学』23（8）、明治書院

徳井厚子（2012）「外国籍住民意見交換会にみる当事者の声とバイリンガルサポーターの役割」『信州大学教育学部研究論集』5 号

野村達雄（2017）前掲

法務省ホームページ「令和元年 6 月末現在における在留外国人について」（2020 年 2 月 11 日閲覧）

松田陽子・前田理佳子・佐藤和之（2000）「災害時の外国人に対する情報提供のための日本語表現とその有効性に関する試論」『日本語科学』7、国立国語研究所

山脇啓造（2017）「多文化共生 2.0 の時代へ―総務省の取り組みを中心に―」ウェブマガジン『留学交流』Vol.76、独立行政法人日本学生支援機構

横田雅弘（1999）「留学生支援システムの最前線」『異文化間教育』13 号

索引

著者プロフィール

徳井厚子 (とくい　あつこ)

信州大学教育学部教授。大阪外国語大学大学院修了。
早稲田大学教育学部在学中にアーラム大学に留学。北京大学等で日本語教育に携わり、
2015 年より現職。2008 年日本語教育学会奨励賞受賞。主な著書に『日本語教師の「衣」
再考―多文化共生への課題』(くろしお出版)、『対人関係構築のためのコミュニケーショ
ン入門』(共著、ひつじ書房)、『多文化教育をデザインする』(共著、勁草書房) などがある。

改訂版　多文化共生のコミュニケーション
― 日本語教育の現場から ―

発行日：2020 年 4 月 6 日（初版）

著者：徳井厚子

編集：株式会社アルク日本語編集部、宮崎編集事務所

編集協力：有限会社トライアングル

デザイン・DTP：有限会社トライアングル

装丁：中島慶章

イラスト：モリモト・パンジャ

印刷・製本：萩原印刷株式会社

発行者：田中伸明

発行所：株式会社アルク

〒102-0073　東京都千代田区九段北 4-2-6 市ヶ谷ビル
Website：https://www.alc.co.jp/

地球人ネットワークを創る

アルクのシンボル
「地球人マーク」です。